INVERSIONES INMOBILIARIAS PARA PRINCIPIANTES

Este libro trata sobre los planes que generan grandes ganancias. Por otro lado, he dominado cualquier cosa en mi vocación innovadora, lo cual es: los planes pequeños, en donde en el mejor de los casos dan pocos resultados, y los grandes planes, en donde en el mejor de los casos superan los pequeños planes. De esta manera, cuando necesito enormes resultados, necesito un acuerdo importante. Los mejores resultados, en cualquiera de las empresas de la vida, son a menudo el efecto secundario de un acuerdo importante impulsado por el esfuerzo constante a largo plazo. Ese enfoque no solo le dará la oportunidad más ideal para ganar; También le colocará en la posición más ideal para ganar en demasía. Con respecto a la obtención de riquezas monetarias (efectivo enorme), una de las formas más ideales que he visto, una que está realmente abierta a cualquiera, es poner recursos en la tierra. La inversión en tierras puede ser un maravilloso camino hacia la riqueza. Puede transformarlo por completo a usted y al futuro de su familia. A decir verdad, puede proporcionarle los elementos esenciales que necesita, así como los máximos que merece. Este libro no trata sobre lo esencial; se trata de sus máximos, su mayor potencial como inversor.

Independientemente de si usted es un aprendiz o un inversionista de tierras preparado, este libro fue hecho para usted. Fue creado para permitirle tener éxito y tener un éxito enorme. Todo lo que necesita es un acuerdo, un gran acuerdo, un enorme acuerdo demostrado que puede dirigirlo desde el punto de partida más temprano a las cantidades más anormales de inversión. El inversor inmobiliario le impartirá ese acuerdo. Necesitamos que se convierta en un fructífero inversor de tierras, que cumpla sus objetivos, que tenga éxito y prospere después de un tiempo e incluso, si así lo desea, que se convierta en un inversor inmobiliario.

CAPÍTULO 1: INTRODUCCIÓN

El sector inmobiliario es uno de los enfoques más sublimes para las personas de diferentes medios económicos con el fin de crear riqueza. Debe ser competente para obtener un rendimiento anualizado de al menos 8 a 10% anual para invertir en bienes raíces durante décadas. Es un fenómeno que invertir en bienes raíces no es un mito, sino que necesita algo de tarea. Es más probable que termine con propiedades inferiores o que pague de más si es descuidado haciendo su trabajo de campo. Nuestro libro aparentemente muestra cómo comprar las mejores propiedades a un precio razonable. Puede perder dinero, específicamente a corto plazo, aunque debería ganar dinero invirtiendo en buenas propiedades inmobiliarias a largo plazo. Quizás, no anticipe de manera poco realista que los valores inmobiliarios se aceleren cada año. En el sector inmobiliario local, los descensos pueden desarrollar oportunidades de compra temporales. Los recesos ocasionales de la práctica solo deben aumentarse en un viaje beneficioso cuando invierte en bienes raíces durante un período a largo plazo.

CAPÍTULO 2: INVERSIONISTA EN BIENES RAÍCES

2.1 Introducción

Un principio universal que puede cambiar la vida se documentó a fines de la década de 1940 y se denominó "pocos vitales y muchos triviales". La idea era que la extensión comparativamente pequeña de sus intentos conduce a la gran cantidad de sus resultados. Esta noción también se basa en la Regla 80:20 de Vilfredo Pareto, quien abrazó que el 20 por ciento de la población posee el 80 por ciento de la riqueza en su país respectivo. La noción de que el 80 por ciento de sus resultados puede ser liderado por el 20 por ciento de sus acciones podría ser uno de los principios más sublimes que puede adoptar para su vida. Se trata simplemente de extraer el mayor de su esfuerzo y tiempo. Está teniendo un enfoque firme. Es para maximizar sus resultados.

Es un fenómeno divino que sus esfuerzos, experiencia o incluso habilidad natural no pueden conducir a sus resultados, pero un enfoque firme puede desempeñar un papel vital en su gran éxito. Puede explorar los sucesores más altos en cualquier campo y se dará cuenta de que tienen un enfoque preciso y firme; Igual de importante, descubrirá que su enfoque se basó en las cosas correctas: el puñado de problemas verdaderamente sustanciales que marcan la diferencia. Se dan cuenta de lo que les importa y cuándo es más importante. Usted también alcanzará el nivel deseado de enfoque a medida que avanza hacia convertirse en un inversionista inmobiliario exitoso. Con el tiempo crecerán significativamente a pesar de que los resultados que surgen de ese enfoque podrían iniciarse lentamente.

El objetivo de los grandes triunfadores era buscar las nociones básicas en las que se enfocaban día a día, independientemente de cualquier interrupción en el mundo de la inversión inmobiliaria. ¿En qué reinos lucharon para ser justificados? Lo que identificamos es que estos grandes triunfadores se han centrado en el corazón en tres fuerzas fundamentales, pero realistas, de inversión inmobiliaria. Es un hecho que estas tres fuerzas están en la cima de todas las inversiones, que incluyen criterios, términos y redes. Hemos llegado a identificarlos fundamentalmente como CTN o "Trío Dinámico de Inversión".

2.2 Criterios

Un criterio es el primer principio de la CTN o "Trío Dinámico de Inversión". Describe lo que usted compra. Son los puntos de referencia que demuestran qué tipo de propiedad está buscando. Los criterios que enfatizó son los aspectos que generalmente escribe en su boletín de propiedades (APB) cuando busca la última oportunidad. ¿La propiedad es unifamiliar o multifamiliar? ¿Qué es el desarrollo? ¿Posee los aspectos y servicios apropiados que lo hacen responsable del alquiler o reventa? Lo más importante, ¿dónde se encuentra una inversión? Sus criterios son las cosas de la propiedad que se basan en hechos indiscutibles, las cosas que no pueden ignorarse de todos modos. Son un aspecto fundamental de su táctica de inversión.

Las opciones de las propiedades de un inversor se reducen mediante criterios que resaltan la mayor posibilidad y el riesgo mínimo prácticamente. Lo que obtiene a cambio es algo con un valor pronosticado, cuando la propiedad deseada coincide con sus criterios. Cuando considera que su criterio es una pantalla de oportunidad, le permite evitar lo malo y conserva lo bueno. Los malos criterios han sido la disminución de muchos inversores potenciales, ya que dichos buenos criterios son la columna vertebral de una inversión inmobiliaria exitosa. Más adelante, discutiremos en este libro los Criterios particulares de los más exitosos o que los inversores exitosos utilizan para elegir sus propiedades de inversión. Los criterios son fundamentales con respecto a la realización del valor pronosticado, y es por eso que son el primer ámbito de enfoque para el inversor de un enfoque exitoso.

2.3 Condiciones

Los términos describen cómo cambiar la oportunidad en un acuerdo si los criterios lo describen. Los términos se dan cuenta de su valor en el presente o en el futuro una vez que una propiedad cumple con sus criterios. Los términos incluyen todo, desde el precio ofrecido, la tasa de interés hasta los medios de transporte, los costos de cierre, la ocupación y el pago inicial y, por lo tanto, son las cosas negociables de una compra. Los términos son más útiles y beneficiosos para todos los inversores, ya que pueden hacer un gran negocio utilizando los criterios más modestos. La negociación hábil de los Términos puede conducir a un flujo de caja mejorado, una mejor posición de capital y, a veces, ambos. Se trata de cómo cerrar una transacción, cuánto dinero necesita para obtener una propiedad y cuánto poseerá la propiedad con el tiempo. El propósito de los términos es enfatizar el ámbito de enfoque y maximizar el valor financiero para el inversor inmobiliario. Discutiremos los Términos clave de cualquier inversión que pueda marcar la diferencia en el éxito comparativo de una transacción. Siempre tenga en cuenta que no tiene que ser un inversionista talentoso para capitalizar los términos. Se trata de comprender los conceptos básicos financieros de una transacción, conocer los elementos flexibles y ser sistemático para adquirir todo lo que pueda de cada trato. También es gratificante saber cuándo alejarse. Recuerde, no tiene que salir, pero debe hacer que su dinero entre. Deje que el mercado trabaje para usted en lugar de comprar menos en comparación con lo correcto y espere que el mercado lo salve cuando compre lo correcto. El derecho de compra se refiere a obtener los Términos correctos.

2.4 Red

La red es el último miembro del Trío Dinámico. La red de inversores les ayuda en su inversión. La red es un contendiente sorpresa cuando intentamos precisar los reinos importantes que marcan la mayor diferencia en la inversión inmobiliaria. El principal dilema es que los inversores no lo ven venir. La noción del inversor emprendedor personal golpeó las calles por lidiar con las percepciones traídas a la mente de la mayoría de las personas. Sin embargo, en repetidas ocasiones, los inversores prefirieron a todas las personas que los ayudaron a tener éxito durante la investigación. En muchos casos, tenían asociaciones con individuos que enviaban esas oportunidades, los ayudaban a comprar y mantener sus propiedades, los asesoraban y ofrecían servicios que les permitían hacer más mientras invertían menos esfuerzo y tiempo. Incluso podemos aprovechar esto en el contexto de un empresario, lo que demuestra el hecho de que pueden lograr más con asistencia experimentada en comparación con lograrlo solo.

Lo ayudaremos a ser inversionistas, a comprender cómo determinar un "grupo de ensueño" para su carrera de inversión cuando revisemos exhaustivamente sobre la Red en secciones posteriores. Es un hecho que necesitará asistencia de agentes inmobiliarios para contratistas. De hecho, la red ocupará el primer lugar en su carrera de inversión, ya que dependerá de esas personas para ayudarlo a iniciar su carrera de inversión de manera confiable, rentable y segura, aunque la red sea el último de los tres elementos que exploramos. La información y las sugerencias que se le proporcionan en estas páginas lo ayudarán a seleccionar las más beneficiosas y a trabajar con éxito con ellas a lo largo del tiempo.

Las preguntas sobre qué comprará, quién lo ayudará y cómo lo comprará se responden desde los tres ámbitos de enfoque para el inversor inmobiliario en función de los Criterios, los Términos y la Red. Lo más importante es que los criterios exploran, los términos identifican y su red fomenta todos los gastos que realiza. La comprensión exitosa de estos reinos le brindará la mejor oportunidad para un éxito duradero, además de ubicarlo integralmente en la plataforma para convertirse en un inversionista inmobiliario.

2.5 Las cuatro etapas del crecimiento

Cuatro etapas de crecimiento progresan en la plataforma de un inversor inmobiliario. En primer lugar, antes de hacer su primer movimiento, debe aprender a pensar como un inversor inmobiliario que busca un millón. Su experiencia puede enseñarle que cuanto más grande piensa, más puede lograr si esto le permite verlo como una verdad intemporal o como una fórmula. Tiene que entender que lo que tiene en mente es lo que se muestra en su vida. El mayor cambio para convertirse en uno se dará a partir de la comprensión de pensar como un inversor inmobiliario.

Comprar un millón es el siguiente paso en el que adquirirá una comprensión importante de los modelos efectivos para invertir en bienes raíces y pensar en dinero, más básico. El objetivo es emplearlo con los modelos operativos que necesita para comprar propiedades de inversión con un valor de mercado de un millón de dólares o más. Este no es un salto masivo del que se puede dar cuenta, así como varios inversores adquieren ese punto de referencia mucho antes de que anticiparan que lo creerían o no. En algunos casos, comprar un millón tiene que ver con lo básico de equipar propiedades, poseerlas y venderlas. La fuerza de los Criterios, los Términos y la Red se aplica para lanzar su carrera con el fin de invertir un millón de compras.

Después de "Comprar un millón", se centrará en tener una posición de valor de un millón de dólares o más en sus propiedades. Consideramos esta etapa Obtener un Millón.

Este es el punto en el que comprenderá que la puesta en práctica que ha hecho se ha convertido en un negocio genuino. Con ese cambio surgen muchas cuestiones explícitas para esa dimensión de posesión. La obtención de propiedades a través de crédito posiblemente resulte cada vez más problemática, el dinero se vuelve consciente y tratar con sus inversiones podría requerir la ayuda de unos pocos trimestres. Esta etapa incluye la gestión y la compensación frecuente de ingresos con recursos o desarrollo de valor. Puede incluir vender, intercambiar o comerciar. Seguramente incluye la comprensión de las sustancias sorprendentemente directas de la evaluación y los problemas del elemento propietario. Afortunadamente, al comprender estos problemas desde el primer punto de partida, puede ayudarle a prepararse para ellos. Eso es lo que se proponen los modelos en este libro para permitirle hacer. Al comenzar con los modelos correctos, los demostrados, que pueden lidiar con los enormes problemas, nunca tendrá que detenerse y rascarse la cabeza o, lo que es más lamentable, comenzar de nuevo y repensar lo que va a hacer.

La última fase de desarrollo para un inversor inmobiliario es "Obtener un millón". Considérelo la cumbre, un lugar donde solo los mejores han ido. Obtener un millón es un punto en el que está en condiciones de obtener un salario anual de un millón de dólares resultado de sus inversiones. Es esencial para esta etapa que su negocio de inversión se planifique con el objetivo de que pueda escapar del trabajo diario y apreciar las ventajas de lo que ha hecho. A pesar del hecho de que puede aventurarse en cualquier momento en el camino, será su expectativa que se concentre en un objetivo principal.

Precisamente cuando elige pasar al "modo obtener", depende de usted. Claramente, no necesita esperar hasta que acepte un millón de dólares por año. Como parte de los especialistas financieros que conocimos en nuestra exploración, puede reconocer los ingresos que ha fabricado y se ha aventurado a sacar del negocio antes. Por otro lado, puede pausar y avanzar progresivamente. El hecho es que, en caso de que haya seguido los modelos de El Inversor Inmobiliario, tendrá más opciones, y eso es algo generalmente increíble para tener en su vida de construcción de riquezas presupuestarias.

CAPÍTULO 3: ENTENDER LOS OCHO MITOS EN BIENES RAÍCES

Al preguntar a las personas sobre la inversión, lo que con frecuencia resulta claro es que al principio no perciben que la ansiedad o la incertidumbre suponen un gran trabajo en sus vidas monetarias. Sienten que contribuir es esencialmente una elección erudita que tienen o no han explotado. Si bien pueden reconocer el beneficio de invertir, no pueden legitimar exactamente por qué no lo hacen todo regularmente o de ninguna manera. Las mejores recompensas relacionadas con el dinero probablemente se encontrarán fuera de sus rangos habituales de familiaridad. Ese es el punto en el que finalmente comprenden que los sentimientos de ansiedad y las preguntas socavan su certeza y sus actividades y, por fin, pueden impulsar una sección innovadora entre ellos y sus fantasías.

A decir verdad, existe la capacidad de distinguir ocho de esos mitos restrictivos que los posibles inversores generalmente sostienen sobre convertirse en un especialista financiero y sobre invertir en sí mismo. Todos los que esperan tener una situación financiera acomodada los manejarán en algún momento u otro. De repente, estas preguntas no se van sin nadie más; si no se inspeccionan o no se administran, pueden protegerlo de convertirse en un inversor extraordinario. Los individuos, en general, tienen dos formas diferentes de mirar cualquier cosa: la forma en que se ven en el planeta y la forma en que ven el mundo y cómo funciona. Es posible que se dé cuenta de que su impresión de cómo funciona el mundo educaría su sentido con respecto a cuán efectivo podría ser, aunque, curiosamente, no lo es. La imagen que tiene de usted como especialista financiero se convierte en el punto focal a través del cual ve el universo de la inversión, y ese autorretrato mental lo controlará o lo engañará. Curiosamente, cualquier experto que tenga sobre usted como especialista financiero, en general, amplificará sus suposiciones erróneas sobre la inversión.

3.1 Mito 1

Prácticamente prevalece qué cantidad de personas creen que no deberían ser inversionistas. En general, eso sucede con el argumento de que aceptan deliberada o inconscientemente que el camino hacia las riquezas relacionadas con el dinero es a través de la ocupación de uno. En caso de que sea similar a mí y confíe en que las riquezas monetarias están vinculadas con tener suficiente salario no merecido para financiar su misión de vida sin la necesidad de trabajar, las probabilidades son su salario actual y el plan de fondos de inversión no será suficiente para construir riquezas presupuestarias genuinas. Es muy descabellado que su actividad le genere un salario suficiente para que pueda reservar un nivel razonable y, que a un ritmo normal de intriga, aún logre riquezas genuinas relacionadas con el dinero.

Las personas ahorradoras guardarían pequeñas cantidades de dinero en efectivo en frascos de café expreso, debajo de cojines para dormir y cerca de cuentas de inversión en el hogar, confiando, a largo plazo, que lograrán oportunidades relacionadas con el dinero. En tiempos cada vez más actuales, este "ahorrador discreto" se ha convertido en el "humilde especialista financiero".

En realidad, solo un pequeño nivel de personas, muy probablemente por debajo del 1 por ciento, gana el salario suficiente de su negocio para llegar a tener una buena situación monetaria. Estoy hablando de individuos, por ejemplo, competidores generosamente compensados, personajes en pantalla, artistas y funcionarios. El pago poco común que obtienen estas personas es grande hasta el punto de que efectivamente podrían vivir de una pequeña cantidad de su salario, contribuir con el resto, e incluso, con tasas de rendimiento discretas para lograr riquezas presupuestarias. La palabra utilizable aquí es poder. Estoy persistentemente sorprendido por el número de estos creadores de salarios altos que creen que no deberían ser especialistas financieros.

Le insto a que eche un vistazo a su tipo específico de empleo de una manera inesperada. Su actividad es donde puede adquirir su capital de inversión subyacente, y un nivel de su salario debe dedicarse a aumentar su participación en la inversión. Sin embargo, preferiría no aturdirlo, el increíble especialista financiero Sir John Templeton cuenta la historia de cómo él y su pareja vivieron tan escasos con el 50 por ciento de su salario hacia el comienzo de su vocación de inversión. Hicieron una ronda para percibir qué tan bien podían vivir con solo una pequeña cantidad del salario de su unidad familiar.

En un mundo perfecto, debe echar un vistazo a su trabajo en este sentido: puede ser una energía que le paga en efectivo por hacer lo que quiere hacer. Algunos intereses pagan más que otros, sin embargo, como lo demuestra la historia, rara vez pagan lo suficiente como para ganar dinero relacionado con la libertad. Su actividad es su actividad; El dinero relacionado con la construcción de riquezas es algo diferente. Esa es la forma en que creo que Sorenson lo examinó, y le insto a que haga algo muy similar.

La gran mayoría imagina que obtener efectivo en la ocupación y ahorrar parte de él o permanecer en el plan de jubilación de la organización los convierte en inversores. No lo hace, sin embargo, piensan que sí o piensan que está lo suficientemente cerca como para que no sean un especialista financiero. Es esta comprensión del mito la que hace que numerosas personas no se conviertan en auténticos especialistas financieros. Intente no darle la oportunidad de ser usted. Comprenda que sea cual sea su actividad o trabajo, usted también debería ser un inversor. Debería levantarse en la primera parte del día haciéndose saber: "Soy un inversor. Estoy construyendo riquezas presupuestarias. ¡Este es el día que voy a descubrir una oportunidad y hacer un plan!".

3.2 Mito 2

No tiene idea de lo que necesitará o necesitará hoy. No se puede prever lo que la vida ofrecerá para bien o para mal. Por más que lo intente, no puede prever con certeza los activos que tendrá para gestionar las vulnerabilidades de la vida. Confundir todo es la forma en que requiere inversión para desarrollar efectivo. La creación de riquezas relacionadas con el dinero no es algo que se pueda practicar en modo de respuesta. Es extremadamente difícil descubrir más efectivo ya que todos ustedes tienen una necesidad inesperada o la necesitan. Como he dicho desde el principio, el poco efectivo llega de manera efectiva, pero no mucho efectivo. Convertirse en un inversionista, alguien que busca riquezas relacionadas con el dinero construyendo cada día, está relacionado con prepararse para lo esencial y los máximos a lo largo de su vida: los esenciales presupuestarios caprichosos que puede necesitar y los máximos monetarios inesperados que pueda necesitar. En el caso de que decida no buscar riquezas relacionadas con el dinero, su futuro probablemente se caracterizará por decisiones monetarias increíblemente restrictivas. Es posible que tenga que luchar para satisfacer sus necesidades cambiantes o administrar sin las cosas que, a la larga, desea. En un momento de su vida en el que tenga que arreglárselas con menos puede diezmarle, es posible que solo tenga que hacer eso.

Para empezar, hay personas que (dado que decidieron no reunir riquezas monetarias) tienen oportunidades limitadas de pensar en sí mismos y en sus amigos y familiares. En segundo lugar, están las personas que (dado que buscaban riquezas relacionadas con el dinero como especialistas financieros) tienen muchas más posibilidades de pensar en sí mismos y en sus amigos y familiares, además de mucho más. Es el contraste entre la atención en lo esencial que la vida puede requerir y un énfasis en los máximos que la vida puede ofrecer. Se trata de qué tipo de persona necesita ser y la existencia que necesita para liderar.

3.3 Mito 3

Realmente lucho con estas líneas de razonamiento. Simplemente no entiendo por qué las personas parecen necesitar poner el juicio frente al esfuerzo y las evaluaciones dudosas antes de estar dispuestos a intentarlo. No hay ninguna posibilidad de que usted, o cualquier otra persona, en lo que a usted respecta, conozca su potencial monetario real. Además, sobre la base de que su potencial real relacionado con el dinero es oscuro, se ve mal en la medida de lo posible. "No puedo hacerlo" se convierte en otra base para no intentar, no extender, no investigar su potencial. Algunas personas me han revelado que preferirían no prepararse para la desilusión. La incongruencia desgarradora es que la población general que preferiría no conformarse con la insatisfacción al poner todo en la línea son los extremadamente condenados a la desilusión. En el momento en que se atasca con la posibilidad de que no pueda lograr una riqueza relacionada con el dinero, se pone en camino hacia la falta de preocupación, negociación y, al final, lamento.

Por lo que puedo decir, hay fundamentalmente dos formas diferentes en que las personas ven su potencial relacionado con el dinero. Hay personas que piensan con respecto a lo que es plausiblemente monetario y las personas que piensan en cuanto a lo que es monetariamente concebible. Los académicos de probabilidad basan su perspectiva en su futuro ser presupuestario en su historia previa y habilidades actuales. Se dicen a sí mismos: "En vista de la identidad individual y de mi identidad, es muy probable que esto sea lo que pueda lograr monetariamente más adelante". Usan palabras, por ejemplo, sensatas y probables cuando examinan su potencial relacionado con el dinero. Por lo tanto, cuando se les da otra puerta abierta que no acomoda los supuestos de su potencial relacionado con el dinero, con frecuencia infieren que básicamente "no pueden hacerlo". Para ellos, su futuro presupuestario está resuelto, no es sorprendente y, a la final, estático.

Resultados concebibles académicos, curiosamente, articulan con poca frecuencia las palabras "No puedo hacerlo". Dejan de lado cualquier pensamiento restrictivo que puedan tener sobre su potencial relacionado con el dinero y basan su perspectiva en su futuro ser presupuestario en lo que se imaginan para estar en condiciones de lograrlo. Además, utilizan un vocabulario extraordinario en general, su potencial se representa en cuanto a lo que es "posible", lo que es "creíble" y lo que es "concebible". Se dicen a sí mismos: "Tengo sueños sobre qué áreas debería ser. A la luz de en quién me puedo convertir, esto es lo que puedo lograr monetariamente". Consideran que pueden necesitar adoptar cosas nuevas, adquirir nuevas habilidades o cambiar sus propensiones para alcanzar su máximo potencial monetario. Para ellos, su futuro presupuestario es adaptable, dinámico y, finalmente, vivo.

Cuando las personas se aventuran a considerar la plausibilidad y confían en que pueden lograr riquezas presupuestarias, con frecuencia observan una disposición completamente diferente de inconvenientes. Rápidamente se convirtieron en seres seguros de que necesitarán más tiempo, dinero e información de inversión que la que actualmente tienen o podrían obtener de manera efectiva. Piensan cosas como "ya pasó el punto de no retorno, no tengo suficientes oportunidades", "es extremadamente improbable; simplemente no tengo suficiente efectivo para comenzar a invertir" o "si tengo la oportunidad, sin embargo, no tengo idea de qué hacer, lo que es más, no soy más que un mal recuerdo con dinero en efectivo". Lo que estas personas no entienden es que las cosas más enormes comienzan poco a poco.

Si bien muchas personas confían erróneamente en que necesitan una gran cantidad de cada uno de los tres, realmente necesitan un poco de cada uno: las capacidades correctas, la energía bien invertida y el efectivo bien puesto. Después de esto, pueden acelerar su desarrollo como especialista financiero eligiendo una zona para aumentar. Pueden concentrarse en obtener una mayor capacidad (a través de la lectura, talleres o guías), darle tiempo adicional u obtener más efectivo.

Su autoevaluación en estos tres territorios dirige regularmente su metodología. Las personas que tienen la ventaja del tiempo pero que tienen recursos limitados relacionados con el dinero pueden concentrarse en intensificar su capacidad para lograr un progreso más destacado. Además, pueden ganar valor al hacer una gran parte del trabajo contratando diferentes especialistas financieros. Por el contrario, los inversores con activos progresivamente relacionados con el dinero y menos tiempo pueden utilizar especialistas y trabajadores temporales para compensar su falta de tiempo. El tiempo y el efectivo con frecuencia están firmemente asociados, en ese tiempo se puede utilizar para adquirir efectivo y se puede invertir efectivo para comprar energía.

3.4 Mito 4

Invertir es confuso. Sea como fuere, para ser razonable, casi cualquier cosa, tomada en conjunto, puede parecer más confusa de lo que realmente es. Todo lo que necesita saber son los principios fundamentales de la calle y cómo conducir. Invertir es lo mismo. Trate de aventurarse hacia atrás y reconocer los ángulos que más generan.

En una premisa funcional, de lo que puedo estar seguro es de que nunca es necesario saber todo para lograr algo. Simplemente necesita conocer las actividades correctas en un minuto aleatorio. Después de un tiempo, si se le dan suficientes oportunidades para estudiar y experimentar algo, normalmente y lógicamente comprenderá todo lo que tiene que saber para hacerlo bien. Esa es la forma en que se convierte en un especialista. La inversión en tierras es la misma. Cuando aprende cosas en la solicitud correcta, su visión se hará más efectiva y más rápidamente.

3.5 Mito 5

Uno de los ejercicios extraordinarios que descubrí sobre la inversión es el siguiente: invertir en lo que no tiene la idea más vaga para comprender, no es invertir de ninguna manera. Hacer eso se asemeja a ir en la oscuridad, y requerirás que el karma golpee cualquier cosa beneficiosa, sustancialmente menos su objetivo esperado. Para mí, la idea genuina de invertir es confiable para poner recursos en lo que sabe y obtenerlo por completo. Elija un territorio que definitivamente conozca o uno que le interese increíblemente y en donde se suscriba para convertirse en un especialista en él después de un tiempo.

Aquí hay un inversor que se adhiere totalmente a sus criterios, independientemente de cuál sea la ventaja obvia. Le insto a que haga algo muy similar; en caso de que no tenga información particular, elija un territorio y comience a adaptarse hoy. Creo que descubrirá que invertir en tierras es una de las regiones más simples de inversión para obtener un aprendizaje y comprensión de maestría.

3.6 Mito 6

En el caso de que mire fijamente "contribuya" en el diccionario, esto es lo que descubrirá: "Contribuir: enviar (efectivo o capital) para obtener un rendimiento monetario". Verá que "peligro" no aparece en ningún lugar de la definición. ¿Por qué? Dado que un peligro es algo que los individuos transmiten a la idea de invertir. Preferiría no parecer un optimista, pero los inversores verdaderamente extraordinarios no consideran que invertir sea peligroso. Para ellos no está relacionado con el hecho de ignorar el peligro; más bien, está vinculado con los siguientes estándares y modelos de inversión sólidos.

La mayor parte del tiempo esto implica comprar algo de valor significativo para términos que rápidamente lo benefician. En este sentido, los inversores entran en el acuerdo al darse cuenta de que no necesitan molestarse con el mercado para protegerlos.

Estas son las gangas "sin peligro". Invertir como un inversionista de bienes raíces no está relacionado con salir de una rama. Está relacionado con tener criterios sólidos, la persistencia para localizar la oportunidad correcta y la disposición para hacer el movimiento correcto rápidamente. Los mejores especialistas financieros lo saben y están dedicados a seguir esta receta. Por lo tanto, están limitando continuamente su peligro mientras amplifican su llegada. Invertir nunca puede ser totalmente libre de riesgos, sin embargo, no necesita ser inseguro.

3.7 Mito 7

El tiempo lo es todo. Sin embargo, en este punto se da cuenta de eso, pase por alto, ya que no puedes cronometrar nada genuinamente. El tiempo se destaca entre las ideas más mal interpretadas en la inversión. En el momento en que las personas afirman que la planificación es significativa, tienen razón. El tiempo no es solo significativo; Es básico para el logro de la inversión. La economía tiene un patrón. Los mercados están modelados. Además, las aperturas de compra y venta se realizan mediante el movimiento de ida y vuelta de los ciclos. Encontrar el mejor momento para comprar o vender se llama tiempo. Lo que se malinterpreta es la forma en que realmente se cultiva el tiempo. La gran mayoría contempla la percepción dinámica: se sientan al margen y se mantienen firmes por el momento en que deben rebotar y hacer un movimiento. Es una metodología dinámica no involucrada y posterior. Al final del día, el tiempo está relacionado con ser receptivo a las circunstancias. No obstante, la realidad es que la planificación está ligada a ser dinámico, dinámico constantemente. Confío en que, con mucho, la mayoría de las posibilidades no se pueden ver desde el costado: debe estar en el desvío. Los mejores arreglos se originan en las mejores oportunidades, y las mejores puertas abiertas van rápido. Este es el lugar desde donde se origina la expresión "una apertura fatídica". Los inversores perciben y atrapan estas puertas abiertas, ya que están constantemente ocupados con la diversión y cerca de la actividad.

La planificación fructífera se hace concebible por el tiempo invertido en la tarea sobre la energía. Necesita mantener su trampa en el agua. Ser dinámico y atraído no significa que esté continuamente comprando y vendiendo. Lo que significa es que está buscando confiablemente con sus Criterios, cuidadoso por el momento en que surja la oportunidad. A esto me refiero cuando digo que la planificación le descubre. Nunca puede darse cuenta del momento más perfecto para actuar, con la excepción de algún momento posterior. Conocer el pasado es, como se ha dicho, 20/20. Es mejor verlo así: cada vez que una puerta abierta cumple con sus criterios exactos y usted actúa, ha planificado el mercado de manera efectiva. El tiempo no está relacionado con estar en el lugar ideal en el momento ideal; está vinculado a estar constantemente en el lugar ideal.

3.8 Mito 8

Resto garantizado: se tomarán todas las inversiones sabias. La pregunta principal es por quién. Tan simple como suena, en realidad los individuos que los toman son los que mejor comprenden las condiciones que los hacen. Casualmente, este es el otro lado y progresivamente sin pretensiones del tema de la planificación. Si bien la leyenda recientemente examinada estaba relacionada con la sincronización del mercado, esta fantasía tiende a su planificación como inversionista. Parece que ahora hay un par de oportunidades que he tenido la opción de descubrir. "Comprendo lo que dicen, y aquí hay extremadamente dos cuestiones en juego: la posibilidad de que no haya numerosos arreglos y la posibilidad de que haya pasado el punto en el que es posible obtenerlos. Esto es lo que pienso sobre los poderes del mercado y cómo hacen las aperturas de inversión. Hay dos poderes principales en el trabajo: los financieros y los individuales, y están constantemente presentes, de manera confiable en el trabajo y que afecta continuamente el centro comercial. Los poderes financieros fundamentales aparecen como cosas, por ejemplo, desarrollo del trabajo, tarifas de préstamos, movimientos de población y rejuvenecimiento de la región. Estas son las cosas que la gran mayoría considera cuando piensa en los poderes que hacer aperturas de inversión. Lo que se descuida regularmente, en cualquier caso, es una segunda disposición de poderes humanos o individuales que están constantemente presentes y pueden hacer grandes y adicionales oportunidades de inversión. Algunas emergen de condiciones positivas, por ejemplo, movimiento, matrimonio y desarrollo familiar. Otros emergen de condiciones negativas, por ejemplo, separación, deceso y obligación. Por lo que puedo decir, las personas que proclaman que se toman todos los grandes arreglos a menudo descuidan este segundo arreglo de poderes humanos y las nuevas puertas abiertas que hacen.

Lo que más necesito que comprenda es que las puertas abiertas están confiables en cada mercado y sin falta. Algunas veces hay mucho, y de vez en cuando ciertamente no. Algunas puertas abiertas son consecuencia de claros poderes monetarios. Otros son el efecto secundario de poderes individuales cercanos y accidentales. Además, nunca ha pasado el punto de no retorno. Dado que los poderes individuales funcionan de manera confiable, estas puertas abiertas siempre se hacen. Si bien los arreglos de ayer se han tomado con seguridad, los arreglos de mañana no; ni están obligados a ir en consecuencia a otra persona. En cualquier caso, con el tiempo los tomará alguien, y necesito que entienda que alguien podría ser usted. Es extremadamente una ronda de encubrimiento y búsqueda, y en el caso de que elija, actualmente es "eso" y debe buscarlo. Las puertas abiertas se han ido solo para las personas que las aceptan. Ha pasado el punto de no retorno solo si acepta que ha pasado el punto de no retorno.

A fin de cuentas, permítame instarle a confiar en que todo lo grande comienza poco. En el momento en que muchas personas piensan en invertir de la nada, no es extraordinario para ellos pensar: "Me tomará eternamente que mis inversiones sumen algo". Cuando piensan en su primera inversión, la gran mayoría piensa que es difícil legitimar el tiempo, el efectivo y el esfuerzo por las ganancias que pueden ver. Puede parecer frenético buscar tanto para una propiedad de inversión que puede producir unos pocos cientos de dólares por mes. Estas ventajas momentáneas simplemente no parecen ajustar las penitencias transitorias.

Le insto enfáticamente a aventurarse más allá de ese razonamiento transitorio y echar un vistazo a las mayores ramificaciones de las pequeñas inversiones. Lo que debe entenderse es que hay un desarrollo característico que se dobla a la fuerza. Piense en una pelota que se mueve cuesta abajo que agarra masa y velocidad a medida que avanza. Es lo que normalmente llamamos el impacto de la bola de nieve. A pesar de que puede comenzar poco o moderado, termina volviéndose muy grande y rápido. Del mismo modo, el efectivo, una vez contribuido, tiene su propia fuerza, y el nombre especializado para eso es "exacerbar". Lo que comienza poco y se desarrolla gradualmente adquiere tamaño y velocidad después de un tiempo.

Cualquier tipo de inversión está relacionada con darle a su efectivo algo que hacer y darle la oportunidad de trabajar para usted después de un tiempo. La inversión en tierras es la misma. Lo que lo reconoce de diferentes inversiones es que la primera estimación de su ventaja en general será sustancial y, a través del encanto de la influencia, se puede comprar por menos. Por ejemplo, si comprara una casa de inversión de $ 100,000 todos los años al pagar $ 10,000 y lograra una tasa de beneficio discreta del 5 por ciento para la estimación total de los beneficios, sería un magnate en menos de 10 años. Con cada beneficio que agrega a su cartera, su cartera se desarrolla. A medida que se desarrollan sus inversiones, también lo hace su poder adquisitivo y su aprendizaje de inversiones. Ese es el establecimiento para inversiones mayores y en expansión regular.

Independientemente de cuál sea su estación actual en la vida, las riquezas monetarias son accesibles para usted. Independientemente de la cantidad mínima de gasto o información que tenga inicialmente, un cierre increíble es factible para usted. Intente comenzar y luego deje que la intensidad del desarrollo en el desarrollo le lleve más alto. Los viajes más largos son solo una agregación de pequeños avances; Las estructuras más altas se trabajan colocando el cimiento sobre la base. En caso de que esté preparado para dar el siguiente paso en su aventura hacia la riqueza presupuestaria, en caso de que confíe en que es concebible y plausible para usted, es una oportunidad ideal para abandonar su comprensión de los mitos, pasar la página y comenzar a tener una perspectiva similar a la de un inversor inmobiliario.

CAPÍTULO 4: MODELOS EN BIENES RAÍCES

4.1 El modelo financiero

Hay dos formas diferentes de fabricar riquezas presupuestarias invirtiendo en tierras. Me doy cuenta de que suena excesivamente básico, sin embargo, es válido: solo hay dos. Dentro de esos dos hay enormes vendajes de variedades que pueden dar la presencia de una enorme naturaleza multifacética, y al utilizar esas diferentes alternativas, puede hacer que la inversión de tierras sea tan compleja como lo necesite.

Generalmente comienzan con los fundamentos y trabajan desde ese punto. Cuando comprende genuinamente los dos impulsores esenciales de la riqueza monetaria, comienza a ver las principales aperturas que presentan y la habilidad para explotarlos. En el caso de que se parezca a mí o a cualquiera de nuestros Inversionistas inmobiliarios millonarios, este es el punto en el que realmente se energiza. Esa es la intensidad de este modelo relacionado con el dinero: le ayuda y le inspira. Las dos formas diferentes de obtener ganancias en la inversión de tierras, los dos motores de la riqueza monetaria, son la acumulación de capital y el crecimiento del flujo de efectivo. Pueden suceder al mismo tiempo, por lo tanto, puede beneficiarse de ambos mientras tanto. La acumulación de valor expande sus activos totales en sus recursos de tierra, mientras que el crecimiento del flujo de efectivo genera un aumento de sueldo inmerecido. Puede vivir con ese sueldo o reinvertirlo reduciendo su obligación o asegurando más tierra. En caso de que mantenga su efectivo en juego reinvirtiendo el flujo de efectivo, está acelerando su acumulación de capital y, en consecuencia, el desarrollo de sus propios activos totales. Tenga en cuenta que su patrimonio total es la proporción de su prosperidad: su puntaje en la ronda de creación de riqueza presupuestaria.

4.1.1 Desarrollo de equidad

Cuando observa atentamente la Acumulación de capital con atención, descubre que se origina en dos variables: agradecimiento por valor y pago de obligaciones. En caso de que lo haga bien, su inversión en la tierra comenzará con una ventaja de valor de inmediato. Esto implica que su cuota inicial subyacente (Inversión) además del anticipo de préstamo hipotecario que adquiere (Deuda), cuando se incluye, ahora no será exactamente el valor por el que podría vender la propiedad (Valor de mercado). Esa distinción es su valor en la propiedad.

Después de un tiempo, a medida que arrienda la propiedad, los dos poderes característicos de agradecimiento de costos y pago de obligaciones cooperan para construir su valor. Claramente, si la estima del mercado se expande, su valor en la propiedad aumenta; sin embargo, también aumenta a la luz del hecho de que está eliminando la obligación a través del préstamo hipotecario. Cada cuota programada regularmente que usted hace disminuye la suma que debe por adelantado.

En consecuencia, a medida que la obligación del préstamo hipotecario disminuye durante el plazo del anticipo (30 años, 15 años, etc.), su valor aumenta de manera confiable.

Deberíamos tomar un ejemplo real para este procedimiento. En el caso de que haya puesto recursos en una propiedad privada de pago en 1988 al costo de la casa media de alrededor de $ 90,000, después de 15 años, en 2003, habría valido casi $ 170,000. El agradecimiento por el valor le habría valido $ 81,000 en valor. Además, habría satisfecho el préstamo hipotecario y, en este sentido, habría pagado su obligación.

Este recuento de pago de obligaciones requiere una reflexión minuciosa sobre las sospechas. Para empezar, espera que haya adquirido la propiedad al 20 por ciento por debajo de la estima del mercado ($ 90,000 20 por ciento $ 72,000); segundo, acepta que realizó una cuota inicial del 20 por ciento (20 por ciento $ 72,000 = $ 14,400). Esto implica que habría obtenido un anticipo de préstamo hipotecario de $ 57.600 ($ 72.000 $ 14.400 = $ 57.600). A medida que realiza sus pagos anticipados de mes a mes, garantizados por el salario de alquiler de sus habitantes, está satisfaciendo un poco la paridad pendiente del crédito y, en este sentido, está pagando su obligación sobre la propiedad. A medida que paga la obligación, incrementa su valor. En este modelo genuino, con un crédito de $ 57.600 y un contrato promedio de 30 años, en medio de

esos 15 años, habría pagado la obligación anticipada a $ 43.334 y, por lo tanto, aumentó otros $ 14.266 en desarrollo de valor. Cuanto más corto sea el avance, más rápido cumplirá con el pago de la obligación. En el precedente que estamos utilizando, un préstamo hipotecario a 15 años habría pagado la obligación a $ 0 y, en consecuencia, habría ampliado el valor en la medida completa del adelanto de $ 57.600.
Lo que hace que el Modelo Financiero del Inversor Inmobiliario Millonario sea tan

convincente es el efecto conjunto de cada uno de estos componentes. Este es el lugar donde se descubre por completo la influencia de la tierra para construir riquezas presupuestarias. En la inversión que hemos desglosado, este es el medio por el cual todo incluye: Su inversión de $ 14,400 en 1988 se transformó en un valor de más de $ 128,506 en solo 15 años. Esto se asemejaría a poner sus $ 14,400 en un saldo financiero pagando una tasa de préstamo anual agravada del 15.7 por ciento. Si hubiera utilizado un contrato de 15 años en lugar de un contrato de 30 años, su valor se habría desarrollado a más de $ 171,840. Eso se asemeja a un costo de préstamo anual exacerbado del 17,9 por ciento. En cualquier caso, esta es una tasa de rentabilidad notable y no la descubrirá en un banco. Además, esos retornos sorprendentes no reflejan lo que sucede cuando se tiene en cuenta el crecimiento del flujo de efectivo.

4.1.2 Desarrollo en flujo de caja
En la misma clase que la Acumulación de capital está, hay todavía más cosas por

descubrir. Hay que considerar la ventaja adicional del crecimiento del flujo de efectivo. El flujo de caja neto se logra a partir de una inversión en tierra cuando el salario de alquiler que obtiene es mayor que los costos que genera. Los gastos incorporan sus costos, una recompensa por la apertura y la administración de las obligaciones. Por ahora, simplemente indique que si lo hace bien, lo cuenta admirablemente y controla sus costos, puede lograr un flujo de caja neto positivo. A medida que las rentas aumenten de valor con el tiempo, se desarrollarán los ingresos. Cuando se cumple el anticipo, el flujo de caja neto se desarrolla significativamente a la luz del hecho de que su cuota de crédito de contrato mensual se va. En nuestro caso de la propiedad de inversión de $ 90,000 comprada en 1988, razonablemente podríamos haber obtenido durante los 15 años un flujo de caja neto completo entre $ 18,000 y $ 34,000. En 2004, nuestro decimosexto año de propiedad, el flujo de efectivo neto anual de la propiedad sería de aproximadamente $ 4,600 con el contrato de 30 años. Debido al crédito a 15 años, dado que sería satisfecho, nuestro flujo de caja neto anual aumentaría a más de $ 9,400.

4.1.3 El viaje financiero

¿Qué tal si percibimos cómo se desarrollan los números? ¿Qué sucede cuando hace numerosas inversiones en tierras durante varios años? El enfoque más claro para ver esto es seguir el camino de un inversor inmobiliario que comenzó a contribuir unos años atrás y luego observar lo que podría haber sucedido con esas inversiones. ¿Qué tal si comenzamos en 1983, hacemos un seguimiento del avance de más de 20 años y observamos cómo se desarrollan los números, tanto la acumulación de capital como el crecimiento del flujo de efectivo? Esta mirada de varios años al Modelo Financiero contará una anécdota sobre el viaje de alguien que comenzó a invertir su tierra en 1983. Para la historia, suponga que ese individuo era usted. Con usted como nuestro inversionista modelo de tierras, veremos lo que hizo durante más de 20 años y cómo resultó. Descubriremos cómo tuvo la opción de transformar una inversión subyacente de $ 11,248 en una posición de valor de más de $ 1.6 millones y un ingreso neto anual de más de $ 50,000. ¿Cómo pudo hacer esto desde 1983 hasta 2002? Es una historia interesante y reveladora: un viaje práctico y energizante de construcción de riquezas presupuestarias. Es la cuenta de convertirse en un inversor inmobiliario.

Todo comenzó cuando buscó la astuta exhortación de su tutor para "hacerlo apropiado". Con ese consejo como guía, cada una de las 15 inversiones que realizó en esos 20 años fue en el "centro del mercado", aproximadamente al costo medio de la vivienda, adquirido en un 20 por ciento por debajo del valor de mercado. Su primera inversión en 1983 fue al costo de la vivienda media de los Estados Unidos de $ 70,300. Usted pagó $ 56,240 por la propiedad, contribuyó con $ 11,248 (20 por ciento) como cuota inicial y financió los $ 44,992 restantes con un crédito de contrato a 30 años. Eso se convirtió en su receta básica: valor medio, 20% de descuento, 20% de descuento y un anticipo de 30 años. Permaneció consistente con esa receta demostrada durante los siguientes 20 años. Se dio cuenta de que si los costos de la tierra y los arrendamientos se reconocen en un promedio de alrededor del 5 por ciento al año a medida que pasa el tiempo y que en el caso improbable de que utilizara la mejor financiación accesible (con un costo de préstamo normal registrado de alrededor del 7.4 por ciento) y mantuviera su cuesta alrededor del 40 por ciento de sus alquileres, su valor se construiría y sus ingresos netos. En realidad, anticipó que su primera propiedad de inversión absoluta tendría, después de 20 años, una estimación de mercado de más de $ 180,000 y su valor en la propiedad sería de más de $ 160,000.

Tenía razón, eso es en realidad lo que ocurrió. En cualquier caso, para usted eso fue solo el comienzo. Su guía le informó sobre la intensidad agravante de hacer algunas inversiones de tierra después de un tiempo. Dijo que aumentaría exponencialmente tanto sus activos totales como sus ingresos fáciles. De esta manera, siguió invirtiendo en la tierra con cautela pero de manera confiable. Siendo razonable y requiriendo tiempo para acumular algunos fondos de reserva, realizó su segunda inversión dos años después del hecho en 1985. El costo medio había ascendido a $ 75,500, y utilizando su receta de un descuento del 20% y un 20% de descuento, adquirió la propiedad con una cuota inicial de $ 12,080 y financiada a $ 48,320 con un crédito adicional de 30 años. Continuó actualizando su técnica de inversión de tierras ahorrando silenciosamente una parte de su salario ganado y escaneando eficientemente para la siguiente oportunidad. Tuvo como objetivo poner recursos en otra propiedad de salario privado como un reloj, comprando su tercera propiedad en 1987, la cuarta en 1989 y la quinta en 1991. De esta manera, en solo 10 años poseía cinco propiedades.

Había puesto $ 67,960 de sus fondos de reserva en cinco casas que ahora valen más de $ 537,000, y su valor se había desarrollado a más de $ 280,000. Su ingreso anual neto superó anteriormente los $ 6,800, la mayor parte de lo que invirtió en su primera casa. Se dio cuenta de que podía aplicar ese ingreso hacia su próxima obtención. La verdad es que, dado que acumuló más de $ 33,297 en ingresos netos durante los primeros 10 años, ahora podría, en el caso que eligió, hacer todas sus compras anuales futuras de ese ingreso agregado. ¡Ese dinero en efectivo recaudado, cuando se agrega a su ingreso anual progresivo, distribuiría todas sus futuras cuotas iniciales!

Actualmente su historia realmente comienza a ser energizante. Con su sólida posición de valor y sus ingresos anuales en expansión, comenzó en 1993 para asegurar una propiedad de inversión cada año durante los siguientes 10 años. De esta manera, antes del final de 2002, su vigésimo año completo como inversionista de tierras, poseía 15 propiedades privadas de pago. Tienen una estimación consolidada del mercado de más de $ 2.5 millones, y usted tiene un desarrollo de valor de más de $ 1.6 millones. Se ha convertido en un inversionista millonario de bienes raíces con solo 15 adquisiciones "acertadas" en solo 20 años. De hecho, realmente se convirtió en un magnate de los activos totales tres años antes de eso, en 1999, con las 12 propiedades que reclamaba en ese momento.

A pesar de su valor de $ 1.6 millones hacia el final de 2002, habría ganado más de $ 303,000 en ingresos recaudados. Todos esos ingresos podrían haberse utilizado para realizar sus inversiones continuas en tierras o para cuadrar sus avances, cambiando el ingreso directamente al valor. Al recordar sus últimos 20 años, comprende que ha convertido sus $ 271,800 de anticipos en una inversión de más de $ 1.9 millones. En el caso de que hiciera más inversiones durante los siguientes cinco años, esas 15 propiedades valdrían casi $ 3.3 millones y su valor superaría los $ 2.4 millones. Para realmente endulzar el trato, su ingreso neto anual sería de casi $ 90,000. No es horrible: 25 años, 15 propiedades, activos totales de $ 2.4 millones e ingresos anuales de $ 90,000.

Como debería ser obvio, estos inversores tienen una estimación del mercado medio de $ 3.7 millones para sus propiedades de inversión, una posición de valor de $ 1.5 millones y un ingreso neto anual de $ 85,000. Nuestra historia de inversión de 20 años, con 15 adquisiciones desde 1983 hasta 2002, produjo un valor de $ 1.6 millones (esencialmente indistinguible para el caso de los Inversores Inmobiliarios Millonarios) con una estimación de mercado de $ 2.6 ($ 1 millón no exactamente de los que conocimos) y un año de ingresos de $ 50,500 (del mismo modo, no son exactamente nuestros magnates de la tierra). Los inversores inmobiliarios que conocimos también tenían más obligaciones en sus inversiones (60 por ciento frente al 38 por ciento en nuestra historia). Sin duda, están comprando propiedades más grandes, probablemente multifamiliares, y recaudando más obligaciones pero ingresos más prominentes. Hemos sido cada vez más conscientes y tal vez moderados al aplicar este modelo monetario.

4.2 El modelo de red

Nadie prevalece sin nadie más, ni ella misma, absolutamente nadie. Detrás de cada ejemplo de superación de la adversidad hay otro ejemplo de superación de la adversidad; detrás de cada individuo efectivo hay un individuo igualmente fructífero. Si bien el término independiente se utiliza regularmente, la certeza implícita es que nadie es independiente, independientemente de si es orgánica, profunda, física, real, experta o monetaria. De esta manera, échele un vistazo y entérese de esto: los inversores millonarios no prevalecen sin la ayuda de otros. Para cada inversionista en bienes raíces que conozca, hay una reunión de personas que trabajan fuera de cámara que lo ayudaron a causar o aumentar su prosperidad. Son la Red del magnate, una reunión de individuos seleccionados deliberadamente, cada uno de los cuales asume un trabajo clave para ayudar al Inversionista de bienes raíces millonario a tener éxito. Los inversores no podrían prevalecer sin esta reunión. Usted tampoco puede. Una Red de Inversores Inmobiliarios es una reunión interconectada de personas con tres cosas en común: asumen un trabajo competente en inversiones de tierras, son los mejores en lo que hacen y están ansiosos por ayudarlo cuando necesite ayuda.

Intente no confundir esto con su Red de Guías. Esta es su red de trabajo. Si bien después de un tiempo adicionalmente se acercará a esas personas en busca de clientes potenciales y se esforzará por incorporarlos en su Red de clientes potenciales, esta no es su explicación esencial detrás de la estructura de su Red de trabajo. Esta es la población general que le brinda exhortación, dirección, astucia, datos, orientación, conocimiento, información, tutoría, procedimiento, asesoramiento, contactos, asociaciones, impulsos, autoridad, influencia y trabajo. Algunos adicionalmente dan fuerzas de unión cuando lo necesita y aportes justos a pesar de que no lo necesita. Esta red de trabajo es suya y la riqueza clave que construye una relación con los demás.

Es el lugar al que va para descubrir a cada una de las poblaciones en general que tiene que descubrir, adquirir competencia con cada una de las cosas que tiene que saber y completar con cada una de las cosas que tiene que completar. En pocas palabras, su red de trabajo es su ayuda para la inversión.

En cualquier caso, tenga cuidado: no se trata simplemente de alguien que necesita para salvar su vida. En el caso de que tenga una fantasía, necesitará un grupo de fantasía. En el caso de que tenga un sueño importante, necesitará un grupo de sueños importante. En caso de que tenga un sueño importante e innovador para lograr riquezas relacionadas con el dinero a través de la inversión de tierras, necesitará un grupo de sueños importante e innovador para lograrlo. Necesita individuos, los individuos ideales, que le permitan obtener lo que necesita. En caso de que necesite convertirse en un inversionista millonario de bienes raíces, debe unir una reunión innovadora de individuos, un grupo de fantasía, que todos puedan asumir los trabajos correctos en las ocasiones correctas para que pueda cumplir con su presupuesto soñado. Necesita su propia red de trabajo de inversión de tierras magnates.

Las personas de su red de trabajo le brindarán una gran variedad de cosas importantes e interrelacionadas. Le ayudarán de principio a fin con sus intercambios. Le iluminarán y le exhortarán sobre qué hacer y qué no hacer. Darán el "mejor trabajo" al "mejor costo" en el "mejor momento".

Estarán allí cuando realmente los necesite, y no más tarde.

Si no tiene una Red de trabajo, trabajará solo. Además, en caso de que alguna vez necesite a alguien, deberá llevar a quien pueda obtener en este momento. No sabrá si está obteniendo el mejor consejo, el mejor trabajo, el mejor costo o el mejor momento. Simplemente sabrá que es absolutamente necesario y que no puede hacerlo sin nadie más. Equilibre esto con tener previamente esta red configurada. Sabrá lo mejor, reconocerá lo que cobran, sabrá cuándo pueden hacerlo y se dará cuenta de que puede confiar en ellos. Estará hacia el frente de las buenas elecciones en lugar de hacia la parte posterior de las urgentes. Obtendrá lo que necesita cuando lo necesite. Tendrá la opción de elegir rápidamente opciones increíbles a la luz del hecho de que no tendrá que retroceder para buscar personas. Hay una motivación de sentido común detrás de por qué hacen esto y una aclaración lógica de por qué funciona. Se rodean de individuos extraordinarios, ya que tienen la intención de ser inversores increíbles que planean lograr más de un acuerdo. Tienen la intención de copiar su prosperidad muchas veces después de un tiempo. Para hacer eso, necesitan ensamblar de manera efectiva, intencional y específica conexiones de trabajo sorprendentes que sean de largo alcance y comúnmente útiles. Están haciendo impacto sobre ellos mismos en el medio. Los magnates no solo buscan personas poderosas, se vuelven convincentes.

Hay una motivación lógica detrás de por qué esto funciona. Cuando está creando sus propios círculos de impacto, realmente está atrayendo a las personas hacia usted y sus objetivos. Está haciendo un verdadero poder de la naturaleza. Es conocido como un poder centrípeto. La palabra centrípeta es del latín para "perseguir el foco" y alude a cualquier poder que coordina objetos hacia el punto focal de un círculo. En su realidad, los inversores millonarios de bienes raíces son un gran poder. A propósito, atraen a los individuos perfectos a sus círculos de impacto y los obligan a acercarse a ellos. Son un punto focal de impacto.

En vista de esto, necesitamos que complete dos cosas: visualícese rodeado de individuos increíbles y comience a correr en los círculos correctos para dibujar y mantenerlos. Cuando tenga claro qué necesita su vida monetaria, tendrá claro con quién tendrá que rodearse y qué tendrá que hacer para atraer a esas personas. Necesitamos que sea deliberado en sus conexiones de trabajo y nunca se conforme.

4.2.1 Su círculo interior

Su Círculo Interno está formado por las personas clave que se preocupan total y realmente por su logro presupuestario. Sin incertidumbres, ni peros al respecto, están enfocados en usted. Esta es la población general más cercana a usted; la reunión selecta en la que más confía. Cada uno de ellos debería tener un mayor aprendizaje de inversión, conocimiento y logros que usted y estar felices de entrenarlo y guiarlo. Considérelos su dirección informal para la construcción de riquezas y las opciones de inversión en tierras: su propia mente maestra millonaria. Lo que aísla a las personas de su Círculo Interno de cualquier otra persona no es lo más importante para usted de manera experta, sino lo que logran para usted poco a poco. Si no tiene idea de qué hacer, le informarán o descubrirán a alguien que pueda hacerlo. En caso de que necesite ayuda, se la proporcionarán o lo contactarán con alguien que lo necesite. En caso de que necesite un cómplice, se convertirán en uno o descubrirán uno. Esta capacidad de hacer un esfuerzo especial para proporcionarle iniciativa y apoyo los desmantela cerca de usted, en su Círculo Interno. Si bien, además, pueden estar en su círculo de soporte o servicio debido a sus llamamientos, es su trabajo dinámico en su propio logro de inversión lo que los hace extraordinarios. Por ejemplo, pueden ser trabajadores contractuales, supervisores de propiedades o especialistas en tierras, sin embargo, en este momento, para usted, son eso y eso es solo el comienzo. Son sus guías, asesores y cómplices, y se comunicará con ellos en cualquier momento una vez al mes.

4.2.2 Su círculo de apoyo

Su círculo de apoyo está formado por los principales guardianes en su vida de inversión en tierras. Como fideicomisarios, continuamente están prestando especial atención a su mejor ventaja. Son los expertos de los que depende para educarlo tanto sobre las sutilezas con respecto a los intercambios explícitos como sobre la población general en la que debe terminarlos. En caso de que sea necesario, incluso se contraerán y tratarán con una parte de esas conexiones por usted. Son los operadores de tierras, los bancos, los tenedores de libros y otras personas que se encuentran en cada puerta abierta de manera significativa y son vitales para casi todos los intercambios de una manera u otra. Estas son sus guías y directores de intercambio, sus "negociadores".

Piense en su Círculo de Apoyo como funcionarios de organizaciones de inversión que no están en las finanzas. Pueden encargarse de cualquiera de las piezas de intercambio por usted y, si es necesario, pueden encargarse de cada una de ellas. Por ejemplo, su trabajador contractual puede huir de un cuidador de tierras o contratar uno por usted. Su operador de tierras puede ponerlo en contacto con un director de propiedad o darle uno como administrador. Son las organizaciones en las que se encuentran quienes decidirán su trabajo esencial en el intercambio. Su Círculo de apoyo enmarca el establecimiento del grupo de expertos del que depende y se comunica con estas personas en cada intercambio.

4.2.3 Su círculo de servicio
Su Círculo de servicios está formado por entidades particulares y especialistas independientes. Estas organizaciones especializadas realizarán capacidades explícitas para una propiedad o intercambio específico. Son los examinadores, reparadores de circuitos, pintores y otros que usted requiera dependiendo de la circunstancia. Sin embargo, su extensión es limitada. Lo que contactan en un intercambio la mayoría de las veces se limita a lo que hacen explícitamente o la

administración extraordinaria que dan. Poco a poco los dirigirá en el trabajo que realizan, o su grupo de ayuda los supervisará. Por último, las sutilezas del intercambio dirigirán qué expertos en administración necesitará. Estos son los soldados que están al borde de la construcción de tu riqueza, y no puedes prevalecer sin ellos. Son los expertos talentosos que contactan físicamente el intercambio y la inversión. Recuerde: lo que hacen, lo bien que lo hacen, lo rápido que lo hacen y lo que cobran por hacerlo puede representar el momento decisivo de cualquier acuerdo. Su Círculo de servicios le proporciona el trabajo particular que necesita para una circunstancia específica, y se comunicará con estas personas en cualquier momento que requieran sus administraciones.

4.2.4 Operando su red de trabajo

Una de las mayores dificultades para la mayoría de los inversores es darse cuenta de cuándo solicitar ayuda. La mayoría aguanta hasta que realmente lo necesita y, por lo tanto, termina tomando la asistencia que puede obtener en lugar de obtener la asistencia que necesita. Esto es lo que aísla a los magnates de cualquier otra persona. Los magnates no se detienen. De hecho, comprenden este problema tan bien que hacen que asociarse con los individuos perfectos antes de que los necesiten sea su necesidad principal. Trabajar con esta red es la parte simple; Encontrar a las personas perfectas y construirlo no es tan simple. No es que sea realmente difícil, es que requerirá inversión. En el caso de que espere ser fructífero, la verdad sea dicha, las personas efectivas cumplirán con los requisitos para estar en su Red de Trabajo. Esa es la razón por la que requiere inversión. Debe entregar una gran cantidad de piedras para descubrir los tesoros de su red. Por más difícil que parezca, no es tan difícil de hacer. Es esencialmente una cuestión de tiempo en la tarea. Para fabricar una red de trabajo de calidad, debe invertir la energía importante para lograrla.

4.2.5 Mantenimiento de red de trabajo

Por otro lado, cuando tiene a alguien en uno de sus círculos, está muy lejos de desintegrarse. Preferiría no construir una red de trabajo: debe mantenerla durante el resto de su vida de inversión. Mantener su red está vinculada con una estructura de conexiones fuertes y una notoriedad en la que las personas pueden confiar. Una y otra vez en nuestro examen, escuchamos la expresión "arreglos equivalentes de relación y notoriedad", hasta el punto en que entendimos que estábamos escuchando un mantra. Nos estábamos enterando de las dos R de administración de sistemas: Relación y Reputación. Las conexiones se trabajan por correspondencia, y las reputaciones se trabajan por reputación. El sencillo acuerdo de uno, dos, tres para mantener conexiones fuertes es así: llámelos, envíelos, mírelos. Cada progresión habla de un método único para contactar a su Red de trabajo, o lo que a veces aludimos en la edad de plomo como un "contacto".

En primer lugar, considérelos consistentemente. Descubra cómo se llevan, comparta cómo le va y hable sobre la inversión de tierras. Solo unas pocas llamadas de varios días le permitirán ponerse en contacto para todos los fines y propósitos con todos los miembros de su Red de trabajo cada mes. En segundo lugar, envíeles algo de intriga y estima cada mes. Haga un resumen por correo de las personas de su Red de trabajo en su base de datos de contactos y envíeles una noticia, una historia intrigante o un consejo sobre inversiones en tierras. Incorporar una nota transcrita. Bastará con enviar un mes por mes.

Tercero, para la población general en su Círculo Interno, véalos de manera consistente y complete una cosa adicional: haga una visita individual cada mes. Desayuno, almuerzo, cena, o solo un poco de espresso servirá. Es probable que les revele lo que está haciendo, audite su Hoja de trabajo de patrimonio neto con ellos y solicite su recomendación y dirección. Lo más probable es que tenga cerca de tres a cinco entrenadores genuinos, por lo que esto implica solo un par de reuniones de siete días. Mantener su red de trabajo se reduce a tres preguntas directas: ¿A quién llamo hoy? ¿A quién estoy viendo esta semana? ¿A quién estoy contactando este mes? Eso es todo lo necesario. El tiempo se va terminando.

4.2.6 Trabajo de la red de compromiso
La notoriedad tardará un poco más en fabricarse. Es el tipo de persona que es y un gran motivador para usted en sus mentes y requiere cierta inversión y cooperación para que eso resulte claro. Eso implica que debe conectarse con su red todo el tiempo y de la manera correcta. Estas son las cinco cosas que debe hacer después de un tiempo para construir una reputación que hará que la población general de su Red de trabajo lo considere y confíe en usted. Las

consideramos las cinco reglas de compromiso.

La primera regla de compromiso es hacer negocios. Debería ser un jugador en la diversión de la inversión de tierras. Busque terrenos abiertos, haga ofertas y haga negocios. De lo contrario, no es ni un tramo de la imaginación un inversor. No está tomando la orientación que se le está dando, y no está contratando su red. Al final del día, podría malgastar su tiempo.

La segunda regla de compromiso es mantener su declaración. Continuamente diga lo que quiere decir y dele significado a lo que dice. Haga su discusión. Necesita terminar conocido como alguien que es sólido, alguien en quien las personas pueden confiar. Intente no perderse los arreglos ni llegar tarde. Satisfaga sus compromisos. Está relacionado con ser el lugar donde dice que estará y hacer lo que dice que hará.

La tercera regla de compromiso no es hablar mal de nadie. Esto está relacionado con mantener sus consideraciones negativas sobre los demás para usted mismo. Las personas confiarán en que, en caso de que les hables de los demás, hablarás de ellas con otras personas. Nadie confía en un chirrido.

La cuarta regla de compromiso es no engañar a nadie. Brinde a las personas el tiempo que garantizó y el efectivo que accedió a pagar. Intentar escapar de darle a las personas la consideración o el dinero que merecen es el camino más rápido para destruir su notoriedad.

La quinta regla de compromiso es eludir los negocios en su red de trabajo. Haga un esfuerzo especial para que otros utilicen su red de trabajo. El método más rápido para indicar que confía y se preocupa por las personas es prescribirlas a otras personas. Cuando elude a las personas de su sistema a otras personas, está construyendo sus organizaciones y enviándoles un mensaje innovador.

Se conectará con los diversos círculos de su red en varias ocasiones. Usted es el Círculo interno (sus guías, asesores y cómplices) representan sus conexiones de trabajo más estimadas. Verá a estas personas de manera constante, ya sea que tenga un trabajo progresivo o no. Estas son las personas que ayudan a establecer su visión, sus objetivos y sus técnicas para lograrlos. Aquellos en su Círculo de Apoyo son llamados vigorosamente con casi todos los intercambios. Estos expertos brindarán una administración y orientación invaluables durante la elaboración de un acuerdo. Su círculo de servicio está bloqueado en una premisa "según sea necesario". Cada intercambio será extraordinario y gestionará los maestros certificados que necesitará. Trabajar con estas personas fortalecerá su notoriedad y luego de un tiempo extenderá estas conexiones. Su red de trabajo puede avanzar hacia convertirse en lo que necesita para progresar hacia convertirse y, por fin, reflejar su visión de su vida. En el caso de que tenga aspiraciones y objetivos, los reflejará. En el caso de que no lo haga, eso reflejará eso. Para lograr sus propios sueños relacionados con el dinero, debe rodearse de guías, consultores de apoyo y organizaciones especializadas que coordinen sus sueños monetarios.

4.3 El modelo de generación de guías

Presumiblemente, la consulta más ampliamente reconocida en la punta de la lengua de cada nuevo inversor es "Ya que estoy preparado para contribuir, ¿cómo descubriría propiedades de inversión extraordinarias?" El modelo de generación de guías del inversor inmobiliario responde a esa pregunta. Sin guías, las propiedades planificadas que se asemejan a oportunidades extraordinarias, no pueden ser cultivadas. Para ser efectivo, necesita unidades, muchas de ellas; en realidad cuanto más, mejor. Con más clientes potenciales tiene más oportunidades, y con más puertas abiertas tiene la oportunidad de elegir el mejor entre ellos. Esto es lo que hacen los magnates. Obtienen la mayor cantidad de clientes potenciales y, en consecuencia, obtienen las mejores propiedades. Podría indicar primero la cantidad de posibilidades y la naturaleza de las elecciones en segundo lugar. Esta es la razón por la cual los magnates prestan atención a la edad del plomo y la toman en consideración. Se dan cuenta de que descubrir propiedades de inversión increíbles es una desviación de números y que "la calidad está en la cantidad". Encontrar propiedades de inversión no es simple, pero tampoco es confuso. Está relacionado con reconocer lo que está buscando y buscarlo. Regularmente, los inversores no son lo suficientemente claros sobre lo que necesitan descubrir y, en este sentido, no están seguros de cómo descubrirlo. O, por otro lado, más horrible, esta ausencia de lucidez los lleva a descubrir la propiedad incorrecta y la confunde con la correcta. Este es el lugar en el que entra el modelo de generación de guías del inversor inmobiliario. Cruce cualquier barrera entre sus objetivos de inversión y las propiedades de inversión que le permitirán cumplirlos. No solo educará el aspecto de su propiedad, sino que además lo controlará. Muchas personas confunden haciendo lo incorrecto con la desgracia. El modelo de generación de guías le dice la mejor manera de prospectar y comercializar guías de inversión y es una de las principales formas en que puede eliminar el karma de la diversión de la inversión.

Su Modelo de generación de guías se rige por sus Criterios: las sutilezas financieras y físicas de una propiedad que satisfaría mejor sus objetivos de inversión. Como lo expresó el inversor millonario de bienes raíces George Meidoff, "sus criterios estructuran la base operativa a partir de la cual se conforma con la totalidad de sus opciones de inversión".

Sus Criterios le proporcionan una imagen tan exacta como sea concebible de su propiedad de inversión óptima, y cuanto más clara sea esa imagen, mayores serán las posibilidades de que la recuerde cuando la vea. Saber exactamente lo que está buscando lo alienta a filtrar a través de grandes cantidades de clientes potenciales de manera competente y tiene la ventaja adicional de ayudarlo a hacer ofertas rápidamente y ciertamente una vez que encuentre una coincidencia. Los Criterios claros se completan como una propaganda necesaria, un informe de propiedad faltante que fluye a través de sus esfuerzos de prospección y publicidad. La naturaleza de sus Criterios y cuán inequívocamente los imparta eventualmente puede decidir la naturaleza de los clientes potenciales que obtiene de sus esfuerzos de la edad del cliente potencial. Pagará ganancias extraordinarias para construir sus Criterios con cautela en primer lugar y volver a examinarlos después de un tiempo a medida que la experiencia se maneje.

Básicamente, por otro lado, si no tiene idea de lo que está buscando, ¿de qué manera se dará cuenta cuando lo descubra? Posiblemente, ¿en qué capacidad alguien le ayudará a descubrirlo? No es nada difícil decir que está buscando propiedades subestimadas que reconozcan e ingresos, pero ¿qué significa eso realmente? Es el contraste entre decir que está buscando una "propiedad de inversión" y decir que está buscando una "casa de ladrillo de un solo piso de tres cuartos y dos baños bien mantenida con una cochera para dos vehículos que se trabajó en 10 años más recientes y que se pueden comprar por debajo de la estima del mercado". Si va a poner recursos en la tierra, debe tener claro en qué necesita poner los recursos: esos son sus criterios. No tener Criterios te lleva a ningún lado y a todas partes, pero al final no le abandona. Tener Criterios lo lleva a donde necesita ir. Tener Criterios explícitos le permite limitar su búsqueda y crear capacidad sobre los tipos de propiedad en los que necesita poner recursos. Los inversores de tierras obviamente han caracterizado los criterios. De hecho, tienen dos arreglos de criterios: lo que considerarán y lo que comprarán. El primero es hasta cierto punto general, y el segundo es inconfundible.

Lo extraordinario de sus criterios para lo que considerará es que puede utilizarlos para limitar su búsqueda de dos maneras distintas. Puede colocarlos en el extremo frontal de su edad de plomo, de esta manera, obtener menos prospectos aún mejores, o colocarlos en el extremo posterior y, en consecuencia, obtener más leads pero de menor calidad. De cualquier manera funcionará, así que investigue para ver cuál funciona mejor para usted. En el ejemplo principal, usted es "lo que considerará". Los criterios se completan como su canal hacia el frente, y en el segundo esos criterios se completan como su canal hacia la parte posterior.

Descubrirá que trabajar con sospechosos en lugar de prospectos cuesta tiempo y dinero en efectivo y, en general, no es rentable. En esta línea, su edad de plomo al fin debería incorporar una capacidad y un proceso final, y eso es "lo que comprará". Los criterios lograrán para usted: canalizar y matar a los sospechosos y reconocer y calificar a los prospectos. La razón por la que de vez en cuando llevaría la edad con sus Criterios de "lo que compraré" es que su consulta podría ser limitada hasta el punto de dejar pasar algunas oportunidades increíbles. Esa es la razón por la que comienza con la declaración general "Compro casas" y luego la limita con "Compro casas que cumplen con mis Criterios particulares". Este procedimiento de organización destaca entre los enfoques más ideales para crear dominio en el tipo de propiedades en las que se ha centrado. Cada propiedad que ve, cada especulación que borra, cada prospecto que investiga y cada arreglo que finalmente hace construye su conocimiento y refina sus Criterios. Considérelo "como una preparación". Incluso puede decir: "El arreglo está en las sutilezas". Hay siete clases notables que debe decidir sobre las opciones que caracterizarán sus propiedades de inversión. Criterios: Ubicación, Tipo, Económico, Condición, Construcción, Características y Servicios. Los tres primeros (ubicación, tipo y económico) son primarios y son los más significativos. Deberíamos investigar esos tres.

4.3.1 Ubicación

El territorio principal donde los inversores inmobiliarios se esfuerzan es su área. Elegir una zona geográfica no solo mantiene el procedimiento razonable y moderado; Además, le permite convertirse rápidamente en un especialista. Se trata de interés central. Está vinculado con una autoridad considerable en un área, subdivisión o vecindario hasta que tenga una comprensión inequívoca de la considerable cantidad de elementos que deciden las estimaciones de propiedades cercanas y las tasas de alquiler. Esas cualidades y tasas son por fin cercanas. En el caso de que una zona se componga básicamente de viviendas unifamiliares con tres habitaciones y dos duchas, es imprescindible saber si una casa con dos habitaciones y una ducha con revestimiento generalmente se venderá o arrendará por menos. Este tipo de valoración cercana se extiende desde aspectos destacados significativos, por ejemplo, habitaciones, baños y área hasta sutilezas más pequeñas, por ejemplo, techos abovedados y arreglos atractivos. Elegir un territorio lo alienta a obtener estos datos con mayor rapidez para que pueda elegir opciones informadas sobre las propiedades que encuentre allí.

El área física podría destacarse entre los factores más importantes en la estimación de una vivienda. Esencialmente, el hogar normal en un vecindario extraordinario a menudo alcanza un precio más caro que el de un hogar indistinguible en una región menos atractiva. "Área, área, área" es el adagio más establecido en el libro de tierras, pero sigue siendo legítimo. Absolutamente siempre recuérdelo ni se canse de decirlo, ya que el área es lo único de cualquier propiedad que es difícil de copiar; el área es lo que le da a cada pedazo de tierra su singularidad real.

4.3.2 Tipo
La segunda región fundamental de Criterio es el tipo de propiedad. ¿Es cierto que está

buscando viviendas unifamiliares o propiedades multifamiliares, urbanas o rurales, centros turísticos o granjas, nuevos desarrollos o reventas, partes o terrenos? Como nos hemos concentrado en invertir en tierras privadas, propiedades en las que viven las personas, debemos investigar las propiedades unifamiliares y multifamiliares. Puede obtener casas, casas adosadas y lofts exclusivamente u obtenerlos en grupos adquiriendo dúplex, triplex, cuatro plexos y condominios mucho más grandes y rascacielos. La forma estándar de pensar es que las casas familiares solitarias ofrecen el mayor interés y agradecimiento, mientras que las propiedades multifamiliares ofrecen las mejores puertas abiertas para los ingresos. Superficialmente esto se desarrolla. En muchos mercados, la mayoría de los compradores necesitan poseer una casa, por lo que este interés en general mantendrá los costos al alza después de un tiempo. Del mismo modo, en general, el mercado de viviendas unifamiliares está establecido por personas que no son inversores. Estas personas están comprando una casa, y los elementos apasionados juegan en su afán de comprar a un costo específico. Curiosamente, las propiedades multifamiliares son compradas y vendidas en gran medida por los inversores, y esto implica que sus costos se resuelven imparcialmente mediante la estimación de los alquileres con los que hablan.

4.3.3 Economía

Esencialmente, no puede construir sus Criterios Económicos, excepto si tiene un pensamiento firme de qué propiedades son extremadamente valiosas. Cualquier inversor efectivo le revelará que vale la pena realizar estimaciones de propiedades y tarifas de alquiler. A fin de cuentas, es fundamental. Debe comprender los costos actuales del mercado para las ofertas de propiedades y las tasas actuales de alquiler del mercado para darse cuenta de cuáles deberían ser sus criterios económicos. Como regla general, es ideal ser el lugar donde se encuentra el mercado más grande y, como regla general, la mayoría de los inquilinos y compradores estarán en las propiedades valoradas normalmente. En esta sección del mercado, grandes cantidades de inquilinos y compradores pueden generar solicitudes y generar apreciación. Está jugando los puntos medios para tener las mejores posibilidades de progreso.

Con su área y tipo de propiedad cerca, invierta algo de energía para familiarizarse con las estimaciones de propiedad y las tarifas de alquiler. Debe comenzar a leer publicaciones en papel e Internet y tomar notas. Por otro lado, si maneja o pasea por su zona objetivo, reserve tiempo para visitar casas abiertas y evaluar alquileres.

4.4 El modelo de adquisición

Hasta ahora ha contribuido su tiempo; Actualmente es una oportunidad ideal para contribuir con su efectivo. Usted está en el momento de decisión del inversionista de tierras, donde los sueños funcionan como se esperaba o no, donde se hacen o pierden riquezas relacionadas con el dinero. Es una oportunidad ideal para obtener ganancias. ¿Cómo se benefician los magnates? Es sencillo: ingresan su dinero en efectivo. Siguiendo el Modelo de adquisición y el derecho de compra, aseguran, a todos los efectos, el logro de sus inversiones. Eso es lo que debe hacer: debe descubrir cómo seguir el Modelo de adquisición del inversor inmobiliario. En el caso de que pueda comprar una propiedad con suficiente beneficio trabajado, habrá garantizado, en el momento de la compra, que sus inversiones se beneficiarán. Esto es significativo a la luz del hecho de que una vez que comience a realizar adquisiciones de tierras, su presentación se grabará para siempre y sin repeticiones ni segundas oportunidades. En caso de que se adhiera al Modelo de adquisición, no necesitará ninguno.

Al compartir la inteligencia bien ganada y los encuentros genuinos de nuestros inversores inmobiliarios, hemos estado configurando su psique y asesorando sus actividades para impulsar sus planes de inversión. Actualmente comprende la Ruta del dinero, ha planificado con el objetivo de tener dinero en efectivo para contribuir y ha configurado su Balance personal para que pueda controlar su desarrollo. Se da cuenta de cómo la inversión en tierras puede expandir sus activos totales a través del desarrollo de valor y el desarrollo de ingresos. Ha comenzado a fabricar su red de trabajo con el objetivo de que tenga el grupo que tiene para guiarle, apuntalarle y administrar sus inversiones. Ha desarrollado sus Criterios, y está produciendo para ello. Actualmente tiene pistas, oportunidades inminentes de invertir recursos y debe comenzar a decidir. Las elecciones que realice y los movimientos que realice en estos minutos básicos pueden afectar profundamente la creación de riquezas relacionadas con el dinero.

4.4.1 Flujo de caja y patrimonio

En la inversión de tierras solo hay dos metodologías centrales de aseguramiento: compra por dinero y compra por ingresos y desarrollo de valor. Existen numerosas especializaciones y variedades dentro de cada uno de estos procedimientos fundamentales, y con frecuencia se alude a ellos con diferentes nombres, por ejemplo, opciones, aceptación, remodelación, inversión a largo plazo, inversión rápida, venta al por mayor, embalaje, opciones de alquiler y reventa. En cualquier caso, cada uno de esos nombres simplemente enreda la imagen. Independientemente de cómo los llame, estos sistemas se reducen a una verdad sencilla: los inversores contribuyen por efectivo o por flujo de efectivo y capital. Una es una metodología de construcción de dinero, y la otra es una de construcción de riquezas. Simplemente debe elegir cuál de estas dos técnicas necesita o necesita utilizar y luego seguir el modelo para ello.

Para ciertos inversores, como resultado de sus objetivos o condiciones actuales, el dinero está por encima de todo. Si necesita dinero, tiene cuatro alternativas fundamentales para acumularlo: buscar y referir, controlar y asignar, comprar y vender, y comprar, mejorar y vender. Por otro lado, si está buscando dinero y prefiere no contribuir con dinero en efectivo o incluso redactar un acuerdo, puede lograrlo a través de Buscar y Referir. Puede convertirse en un explorador. Como explorador, busca oportunidades de inversión prudentes y luego las transmite a los inversores que están preparados y dispuestos a asegurar esas propiedades. En general, le pagarán un "gasto de descubridor" si las puertas abiertas son excelentes y no las habrían encontrado en general. Este es probablemente el método más rápido para adquirir dinero y, por un amplio margen, la elección que puede hacer la gran parte de los números. La desventaja es que el efectivo pagado por el intercambio es el menor entre las cuatro opciones.

La segunda alternativa más rápida para obtener dinero es Controlar y Asignar. Esto implica que usted obtiene un contrato alternativo o asignable en una propiedad de inversión y luego descubre a otra persona para obtenerlo. Como controla la propiedad, tiene control de disposición. Esta técnica tiene un poco de ventaja preferible sobre Buscar y Referir, pero el potencial de volumen es algo menor.

Por último, el papel principal de los cuatro sistemas de creación de dinero es crear dinero rápido, salario que se puede utilizar como salario ganado o volver a jugar a lo largo del Camino del Dinero. Un gran número de inversores con los que conversamos en algún momento utilizaron cada una de estas técnicas para enviar sus vocaciones de inversión en tierras. Cuando los hicieron bien, lo que advertirán que no es tan simple como se describe regularmente, tuvieron la opción de desarrollar algunos fondos de reserva de dinero, que podrían usar como cuotas iniciales en propiedades de pago. Estaban tomando dinero y reinvirtiéndolo para obtener ingresos y valor: construcción de riquezas presupuestarias a largo plazo.

4.4.2 Términos de compra y venta

En el sistema de compra y venta está buscando algo determinado: dinero. El objetivo es garantizar un resultado de beneficio neto dentro de semanas o como máximo meses comprando una propiedad y luego pivotando y ofreciéndola. A pesar del hecho de que esta técnica a menudo tiene los mejores asentamientos, acompaña una prueba importante: debe conocer sus números, muchos de ellos. Además, si va a comprar, mejorar y vender, hay muchos más números que debe conocer y obtener. Sus números deben ser exactos al entrar. Está haciendo una progresión de expectativas, todo lo cual debe ser básicamente una figura para que el acuerdo sea un triunfo. Debe estar en lo correcto o es mejor que haya trabajado en una verdadera ventaja para el error.

El valor por el que puede venderse una propiedad versus el valor por el que se venderá 'rápidamente' puede ser la distinción en el control de sus costos de transporte y, en particular, en una estimación introductoria precisa sobre los beneficios anticipados. Los beneficios normales acumulan el costo de oferta subyacente en la casa. De esta manera, cuando estimar el costo de venta no solo considera la estimación después de la fijación, considere también la estimación "rápida" después de la fijación.

Una gran cantidad de las viviendas enfocadas por los inversores de Compra y Venta se encuentran con frecuencia en el mercado de gama alta o baja. Esto implica que no está continuamente recurriendo a compradores con montones de dinero para acordar y un crédito impecable. La oferta extraordinaria que usted reconoce puede fracasar en vista de problemas financieros o crediticios. Esto podría significar comenzar una vez más, y eso implica tiempo.

A partir de aquí, a medida que realice mejoras adicionales, ampliará la estimación de mercado de la propiedad. Está en la zona principal de mejora. En cualquier caso, sepa que esta expansión en la estima tiene un punto razonable de confinamiento: lo que soportará el mercado. De aquí en adelante, cualquier inversión adicional en mejoras no incluirá mucho, asumiendo ninguno, un incentivo de exhibición para la propiedad. Ha alcanzado el propósito del máximo retorno de la inversión. Actualmente es el momento de mantener una distancia estratégica de la mejora excesiva de la propiedad y ponerla en la publicidad de reventa rápidamente, obtener dinero de sus ingresos generales y continuar con la siguiente inversión.

Saber qué actualizaciones, a qué costo, traerá el rendimiento máximo es una experiencia definitiva en esta diversión. Es la ronda de obtener el retorno más elevado de una inversión mínima en mejoras. Los inversores con experiencia en desarrollo y aquellos con aptitudes para hacerlo sin la ayuda de nadie más y un sólido aprendizaje del trabajo de reparación pueden hacerlo bien con Comprar, Mejorar y Vender.

Además del hecho de que entran en el desvío con un pensamiento educado sobre los gastos y el tiempo que se espera que hagan arreglos regulares, sin embargo, también son aptos para hacer un número significativo de esos arreglos. Este valor de transpiración les permite intercambiar su tiempo y trabajo por costos reducidos y mayores ingresos generales. En cualquier caso, una gran cantidad de personas requerirá el asesoramiento de un trabajador temporal consumado y la asistencia de un grupo sólido de expertos en reparación y renovación para avanzar en este sistema.

Este es un punto básico en el modelo de adquisición de Comprar y retener. En el caso de que la propiedad no genere ingresos con los números que tiene, debe reducir su oferta adecuadamente o buscar un financiamiento único. Los términos correctos en su avance regularmente pueden tener un efecto crítico. Los inversores con los que conversamos fueron increíblemente ingeniosos en sus acuerdos de financiación. Vieron cómo explotar los préstamos habituales de vivienda de tasa variable y tasa móvil para obtener ingresos rápidos en el acuerdo.

CAPÍTULO 5: CÓMO AUMENTAR EL FINANCIAMIENTO Y EL CAPITAL

5.1 Reconociendo fuentes de capital

Para algunas personas, el problema con la inversión de tierras es que se quedan cortos en la entrada de dinero para la cuota inicial. El aforismo familiar de que "se necesita efectivo para obtener ganancias" es comúnmente válido hasta donde podemos decir. La mayoría de los libros de inversión de tierras hacen una de las dos presunciones. Algunos esperan que tenga mucho efectivo y simplemente necesite entender cómo comprar, aumentar el valor de una propiedad y luego venderla. Obviamente, eso debería ser válido, sin embargo, no todas las personas están llenas de dinero. La otra suposición regular será que no tiene efectivo y debe recurrir a la búsqueda de terrenos buscando vendedores tan nerviosos para vender que ellos o sus bancos no requieren ningún pago por adelantado. No esperamos uno ni el otro. Entonces, ¿cómo comenzaría en un terreno en el caso de que preferiría no reclamar propiedades molestas en los vecindarios más notoriamente horribles, y no tiene un saldo de seis cifras en su saldo financiero para pagar tanto como sea posible en los mejores vecindarios? Obtiene toda la tolerancia que puede y capta una visión de largo alcance. No es necesario ser rico ni tener fondos increíbles para comenzar a hacer atractivas inversiones en tierras. En este libro, presentamos una amplia gama de opciones de inversión, por lo que hay algo para todos los propósitos y límites financieros de cada persona y circunstancias individuales. Nuestra técnica para estructurar las riquezas de la tierra después de un tiempo es hacer restauraciones de inversiones que sean manejables y dar ganancias liberales para sus inversiones. La mayoría de las veces, los inversionistas de tierras hacen una entrega inicial y obtienen la mayor parte del efectivo que se espera para terminar una compra. Ese es el método habitual para comprar propiedades de inversión de tierras y será la mejor técnica para usted a largo plazo (como lo ha sido para nosotros).

Para ajustarse a la factura de la financiación más atractiva, los prestamistas normalmente requieren que su cuota inicial sea, en cualquier caso, el 20 por ciento del precio de la propiedad. Los mejores avances en propiedades de inversión a veces esperan un 25 a 30 por ciento de descuento para los términos más positivos. En general, los especialistas en préstamos serán progresivamente tradicionalistas y requerirán mayores pagos iniciales en medio de la caída de los costos de la tierra, por ejemplo, la mayoría de los territorios experimentados a fines de la década de 2000. Para la mayoría de las propiedades de inversión privada, por ejemplo, casas unifamiliares, alojamiento conectado, por ejemplo, condominios y casas adosadas, y pequeñas estructuras tipo loft de hasta cuatro unidades, puede obtener la admisión a los mejores términos de financiamiento al hacer, en cualquier caso, un 20 al 25 por ciento a plazos. Es casi seguro que realice cuotas iniciales más pequeñas (tan bajas como 10 por ciento o menos), sin embargo, pagará costos de financiamiento y cargos de crédito mucho más altos, incluida la protección de préstamos privados para la vivienda.

Decidir cuánto dinero tiene que cerrar en una compra generalmente es un componente del precio acordado, incluidos todos los costos y cargos de cierre. Suponga que espera obtener un alojamiento privado sin pretensiones por $ 100,000. Para una cuota inicial del 25 por ciento, necesita $ 25,000, e incluir otro 5 por ciento para los costos de cierre lo lleva a $ 30,000. Si tiene la posibilidad de comprar una propiedad que cuesta tres veces la cantidad (valor de etiqueta de $ 300,000); debe aumentar significativamente estas sumas a una suma de aproximadamente $ 90,000 para obtener las mejores opciones de financiamiento.

Los mejores inversionistas en tierras que conocemos, incluyéndonos a nosotros, comenzaron a construir su cartera de inversiones en tierras como se hacía en los viejos tiempos, a través de ahorrar algo de dinero y luego comprar constantemente propiedades a lo largo de los años. Numerosas personas experimentan problemas al reservar algo de dinero en efectivo, ya que no tienen idea de cómo hacerlo o son básicamente reacios a limitar sus gastos. El simple acceso a la obligación del cliente (a través de tarjetas de crédito y créditos de vehículos) hace que los inmensos inconvenientes ahorren más y gasten menos.

Invertir en tierra requiere moderación, penitencia y orden. Como la mayoría de las cosas beneficiosas a lo largo de la vida cotidiana, debe ser paciente y planificar con anticipación para tener la opción de poner recursos en la tierra. Una capacitación sólida es la forma de obtener recompensas más notables relacionadas con el dinero y genera la mayoría de los objetivos extraordinarios de los que hablamos aquí. La instrucción es clave para sus llamadas elegidas, así como para invertir en tierras. Considere obtener un permiso de tierra o descubra cómo ser un tasador o jefe de propiedad, habilidades que lo ayudan con la inversión de su propiedad y que le permiten realizar trabajos de bajo mantenimiento para mejorar su salario.

Dejar de lado el dinero extra de sus ganancias mensuales probablemente será el establecimiento para su programa de inversión de tierras. Sea como fuere, puede acercarse a otros activos presupuestarios para pagos iniciales. Antes de pasar a estos, ofrecemos una pequeña actualización bien dispuesta: Monitoree la cantidad de su cartera de inversión general que coloca en la tierra y cómo sus objetivos generales se han expandido y adecuado a sus posesiones. Algunas empresas le permiten contrarrestar el saldo de su cuenta de jubilación, con la condición de que reembolse el crédito dentro de un número determinado de años. Sujeto a las necesidades de calificación, los compradores de vivienda por primera vez pueden hacer retiros sin castigo de hasta $ 10,000 de las cuentas IRA.

La mayoría de los inversionistas de tierras que conocemos comenzaron a armar su cartera de tierras después de comprar su propia casa. Aprovechar moderadamente el valor de su hogar podría ser un punto de acceso inicial decente para sus inversiones inmobiliarias. En su mayor parte, puede obtener efectivo del contrato a un costo de financiamiento más bajo en su hogar que en propiedades de inversión. Cuanto menor sea el riesgo para el especialista en préstamos, menor será el rendimiento requerido y, de esta manera, tendrá mejores tasas para usted como prestatario. Los especialistas en préstamos ven las propiedades de inversión como una sugerencia de mayor riesgo y a la luz de las circunstancias actuales: se dan cuenta de que cuando las cuentas van a la baja y las cosas se vuelven extremadamente intensas, las personas pagan su préstamo hipotecario para abstenerse de perder el techo sobre sus cabezas antes de pagar obligaciones. Una casa rentable. Excepto si su préstamo hipotecario actual se garantizó a tasas más bajas de las que están disponibles en la actualidad, en su mayoría le recomendamos renegociar el adelanto de escritura de fideicomiso principal y abrir el valor de esa manera en lugar de sacar un adelanto del valor de la vivienda o una extensión de crédito.

5.2 Financiamiento de compras de propiedades

Conocemos a los inversores inmobiliarios que pasaron varias horas buscando las mejores áreas y propiedades para que sus arreglos se desenrollaran cuando no estaban en condiciones de obtener el respaldo para el financiamiento requerido. No puedes jugar en caso de que no puedas pagar. A pesar del hecho de que puede descubrir una gran cantidad de diversos tipos de préstamos para la vivienda, solo existen dos clasificaciones notables de préstamos para la vivienda:

costo fijo de financiamiento y tasa personalizable. De hecho, algunos préstamos hipotecarios se unen a los componentes de ambos: pueden permanecer fijos durante varios años y luego tener un costo de financiamiento variable después de eso.

Por razones para hacer evaluaciones futuras de los ingresos de su propiedad, los contratos de tasa fija le ofrecen seguridad y algunos sentimientos genuinos de serenidad, ya que sabe de manera inequívoca el alcance de la cuota de su préstamo hipotecario dentro de un mes, dentro de un año y dentro de mucho tiempo. Puede comenzar a pagar su préstamo hipotecario con un costo de financiamiento inicial generalmente bajo en contraste y créditos de tasa fija. Dados los asuntos financieros de una compra de propiedad de inversión común, los ARM empoderan mejor a un inversionista para lograr un ingreso positivo en los primeros tramos largos de posesión de propiedad. Las diversas listas utilizadas en los ARM fluctúan predominantemente en la rapidez con que reaccionan a los cambios en las tarifas de los préstamos. En el caso de que seleccione un contrato de tasa móvil adjunto a uno de los registros de movimiento más rápido, se arriesga en mayor medida a un riesgo de que el siguiente cambio refleje incrementos en los costos de financiamiento. Cuando se arriesga con una mayor cantidad de riesgo que las tasas pueden expandir, los prestamistas le cortan el espacio para respirar de diferentes maneras, por ejemplo, a través de la parte superior inferior, los bordes inferiores o los focos inferiores.

Después de que el costo de financiamiento subyacente se cierra, el costo del préstamo en un ARM cambia dependiendo de la ecuación anticipada. Normalmente, los costos de financiamiento de ARM cambian cada 6 o un año, pero algunos cambian cada mes. Antes de cada modificación, el prestamista le envía un aviso que le revela su nueva tasa. Asegúrese de verificar estas notificaciones a la luz del hecho de que en eventos poco comunes, los bancos cometen errores.

Prácticamente todos los ARM acompañan una tasa máxima, que restringe el cambio de tasa más extremo (hacia arriba o hacia abajo) permitido en cada modificación. Este punto de quiebre normalmente se alude como la alteración superior. En la mayoría de los créditos que se modifican a intervalos regulares, el cambio superior es del 1 por ciento; el costo del préstamo cobrado por el préstamo hipotecario puede subir o bajar cerca de un punto de tasa en un período de modificación.

A medida que realiza pagos a plazos después de un tiempo, la paridad anticipada, independientemente de lo que deba, se reduce o amortiza poco a poco. La amortización negativa es la inversión de este procedimiento. Ocurre cuando las cuotas anticipadas de mes a mes no son exactamente la medida de la intriga que se acumula en ese momento. Algunas ARM permiten una amortización negativa. ¿En qué capacidad puede desarrollarse su extraordinario saldo acreedor cuando sigue haciendo pagos a plazos? Esta maravilla ocurre cuando la cuota de su préstamo hipotecario es inferior a lo que debería ser.

Sin embargo, algunos avances en la expansión de su suma de cuotas programada regularmente no superan el costo de financiamiento. En este sentido, es posible que el monto de la cuota de su préstamo hipotecario no refleje toda la intriga que ahora debe en su crédito. En este sentido, en lugar de pagar la intriga que debes y satisfacer una parte de tu igualación anticipada (o jefe) de manera constante, terminas satisfaciendo algunas, pero no todas, de la intriga que debes. Posteriormente, los bancos incluyen la prima adicional no pagada que, a pesar de todo lo que debe a su obligación excepcional.

La amortización negativa es como pagar solo la cuota base que requiere su factura de Visa. Continúa acumulando cargos de dinero en la igualación impaga, siempre y cuando realice la entrega engañosamente baja. Tomar un préstamo hipotecario con amortización negativa invalida el propósito general de obtener una suma que se ajuste a sus objetivos relacionados con el dinero.

Mantenga una distancia estratégica de las ARM con amortización negativa. La mejor manera de saber si un anticipo incorpora amortización negativa es preguntar de manera inequívoca. Algunos especialistas en préstamos y representantes de préstamos hipotecarios no están pendientes de informarle. En el caso de que tenga dificultades para descubrir bancos que administrarán su situación presupuestaria, asegúrese de ser particularmente cauteloso: descubrirá una amortización negativa la mayor parte del tiempo en créditos que los especialistas en préstamos consideran peligrosos, lo que debe tomarse como una señal de que quizás estás excediendo por una propiedad que no es una inversión perfecta. Es probable que solo considere un préstamo hipotecario de este tipo porque sus ingresos no le permitirán tener un anticipo completamente amortizado. De esta manera, necesitaría lograr un gran agradecimiento en la propiedad para cubrir este ingreso negativo, además de su tasa de rendimiento ideal para que esta inversión sea un buen augurio.

5.3 Mejor financiamiento hipotecario

Elegir entre un crédito de tasa fija o tasa flexible es una opción importante en el proceso de inversión de tierras. Considere los puntos de interés y los prejuicios de cada tipo de préstamo hipotecario y elija lo que sea mejor para su situación antes de salir a renegociar o comprar un terreno. ¿Con qué cantidad de riesgo podría lidiar con respecto a la extensión de la entrega mensual del contrato de su propiedad? En el caso de que pueda ir a la quiebra que acompaña a un ARM, tiene una oportunidad superior de reservar dinero extra y aumentar los ingresos de su propiedad con una tasa móvil en lugar de un anticipo de tasa fija. Su tarifa de préstamo comienza más baja y se mantiene más baja con un ARM, si la dimensión general de los costos de financiamiento permanece inalterada. Independientemente de si las tasas suben, es probable que regresen durante la vida de su crédito. En el caso de que pueda permanecer con su ARM para mejor y para más horrible, debe superar a la competencia a largo plazo.

Los BRAZOS son un buen augurio en caso de que te quedes corto de lo que estás equipado. En el caso de que su pago (y los ingresos de la propiedad de inversión material) superen esencialmente sus gastos, es posible que sienta menos nerviosismo por el fluctuante costo de financiamiento de un ARM. En caso de que elija un avance flexible, puede sentirse aún más seguro monetariamente en el caso de que tenga un presupuesto pesado (en cualquier caso, medio año o hasta un año de costos ahorrados) que pueda llegar si las tasas suben. Algunas personas toman el ARM cuando generalmente no pueden soportar el costo de ellos. En el momento en que las tasas aumentan, los propietarios que no pueden soportar el costo de las cuotas más altas enfrentan una emergencia relacionada con el dinero. En el caso de que no tenga fondos de inversión de crisis que pueda aprovechar para hacer las cuotas más altas, ¿cómo podría asumir el costo de las cuotas programadas regularmente y los diferentes costos de su propiedad?

Ahorrar entusiasmo en la mayoría de los ARM suele ser una garantía en los primeros años. Un contrato de tasa móvil comienza con un costo de financiamiento más bajo que uno fijo. Sea como fuere, si las tasas aumentan, puede terminar reembolsando los fondos de inversión que realice en los primeros tramos largos del préstamo hipotecario.

En el caso de que no vaya a conservar su préstamo hipotecario durante más de cinco a siete años, tendrá más entusiasmo para transmitir un contrato de tasa fija. Un banco de préstamos hipotecarios se arruina al enfocarse en un costo de financiamiento fijo por 15 a 30 años. Los especialistas en préstamos no tienen la menor idea de lo que puede ocurrir en los años intermedios, por lo que le cobran una prima en caso de que los costos de financiamiento se muevan fundamentalmente en los próximos años.

También puede pensar en un avance de cruzamiento, que consolida los aspectos más destacados de los contratos de tasa fija y personalizable. Por ejemplo, la tasa subyacente puede mantenerse estable durante tres, cinco, siete o diez años y luego cambiar una vez al año o como un reloj desde ese punto. Dichos créditos pueden ser un buen augurio para usted en caso de que anticipe una alta probabilidad de mantener su adelanto de siete a diez años o menos, sin embargo, necesita algo de seguridad en sus futuras entregas programadas regularmente. Cuanto más prolongada esté la tasa subyacente, mayor será el costo de financiamiento. Trate de no confundir estos adelantos con el préstamo de vivienda inflable regularmente desaconsejable.

La mayoría de los bancos de préstamos hipotecarios le ofrecen la opción de contratos a 15 o 30 años. También puede descubrir alternativas de 10 años, 20 años y 40 años, sin embargo, son extrañas. No obstante, algunos especialistas en préstamos le permiten elegir términos ajustados u otros plazos de amortización que le permiten personalizar la cantidad de tramos largos de su préstamo hipotecario. La personalización de su préstamo hipotecario puede ser un buen augurio en caso de que tenga un objetivo particular como prioridad principal, por ejemplo, finalizar sus cuotas de préstamos hipotecarios antes de manejar las facturas de costos educativos de la escuela o una fecha de jubilación. Entonces, ¿cómo elegiría si un contrato a corto o largo plazo es mejor para la compra de una propiedad de inversión?

Para asumir el costo de las cuotas programadas regularmente y tener un ingreso positivo, numerosos compradores de propiedades de inversión deben distribuir sus cuotas de crédito para préstamos hipotecarios en un plazo más extenso, y un contrato de 30 años es el mejor enfoque para hacerlo. Un contrato de 15 años tiene cuotas programadas más altas ya que usted paga más rápido. Por ejemplo, con un costo de préstamo a tasa fija del 7 por ciento, un contrato de 15 años acompaña a las cuotas que son alrededor de un 35 por ciento más altas que las de un contrato de 30 años.

Un avance en el valor de la vivienda puede dar un esfuerzo moderadamente mínimo a los recursos para la compra de una propiedad de inversión, particularmente en caso de que esté buscando efectivo por solo un par de años. Puede renegociar su primer préstamo hipotecario y sacar dinero para comprar una propiedad de inversión, sin embargo, no le pedimos que lo haga si su primer préstamo hipotecario tiene un costo de financiamiento más bajo que el que puede adquirir en el renegocio. Los avances en el valor de la vivienda en su mayor parte tienen mayores costos de financiamiento que los préstamos equivalentes de primera vivienda, ya que son menos seguros para un prestamista. La razón: si usted no cumple con el préstamo de la vivienda principal o busca garantía de protección financiera, el banco contratista principal recibe el primer caso de su vivienda.

Pocos de todos los comerciantes extraños necesitan o incluso necesitan obtener todo el dinero como una cuota para su propiedad, por lo que es casi seguro que puede pagar una parte o incluso la mayoría de la compra de una propiedad de inversión debido a la financiación del concesionario. La utilización de la financiación del concesionario es la base de la mayoría de las técnicas de reducción de efectivo.

El financiamiento del concesionario es un intercambio en el que el vendedor reconoce cualquier cosa menos que todo el dinero al cerrar. Un tipo de intercambio de todo el dinero para el comerciante es que el comprador realmente paga todo el dinero, pero regularmente es un intercambio en el que el comprador utiliza una hipoteca estándar (efectivo para comprar la propiedad de un banco que no sea el concesionario) con el objetivo de que el vendedor recibe adecuadamente todo el dinero al cerrar.

Algunos comerciantes son lo suficientemente ricos como para no tener que preocuparse porque la mayoría de los negocios continúan rápidamente para su próxima compra o están comprando una propiedad por menos efectivo, o posiblemente no compran una propiedad de sustitución de ninguna manera, y desean obtener cuotas después de algún tiempo. Es posible que busquen las cuotas para suplantar su paga en la jubilación o que quieran obtener los activos después de un tiempo para que puedan reducir su salario imponible.

CAPÍTULO 6: IDENTIFICACIÓN Y EVALUACIÓN DE PROPIEDADES
6.1 Valor de la ubicación

Como dice el destacado dicho sobre la tierra, "¡Los tres componentes más importantes para el logro en la tierra son área, área y área!" Existe una relación sólida entre el área de sus inversiones en tierras y su logro relacionado con el dinero. Además, coincidimos firmemente en que el área de su inversión en tierras es básica para decidir su prosperidad como inversionista de tierras.

Ser propietario de la tierra no es el camino para el logro de la inversión en la tierra; ¡Asegurar y poseer la tierra correcta al costo correcto es la forma de fabricar riquezas! A medida que se involucre en la tierra, desarrollará su propio procedimiento, pero para que cualquier metodología tenga éxito, debe hacer su trabajo y evaluar de manera constante y decente las partes positivas y negativas de su inversión de tierra propuesta. Ese es el lugar en el que entramos.

Aunque esencialmente todos viven en una zona con puertas abiertas para invertir en tierras, no todas las personas viven en una zona donde las perspectivas son útiles para la tierra cuando todo está dicho. Esa es la razón por la que es imperativo expandir su horizonte de inversión geográfica siempre y cuando no negocie su capacidad para supervisar y controlar con éxito su propiedad.

Independientemente de si elige poner recursos en la tierra en su propio distrito, a pesar de todo, tiene que hacer una gran cantidad de investigación para elegir dónde y qué comprar: opciones críticas con resultados de largo alcance. En las páginas que siguen, revelamos qué buscar en un área, una red e incluso un área antes de decidirse por esa opción de inversión. Sin embargo, recuerde que puede gastar un resto alucinante buscando la inversión ideal en tierra, nunca la descubra, nunca contribuya y deje pasar muchas oportunidades, beneficios e incluso diversión.

Por lo tanto, está buscando propiedades que le permitan realizar mejoras tanto físicas como monetarias que finalmente reducirán la tasa máxima normal para un futuro inversor, lo que básicamente está reduciendo la tasa de rendimiento requerida ya que ha empezado gran parte del peligro. Debe comprar cuando descubre que la propiedad tiene una probabilidad sólida de crear incrementos futuros en NOI e ingresos. Por lo tanto, debe buscar propiedades donde su investigación demuestre que el pago de la propiedad puede ampliarse o disminuir los costos.

A medida que busque su próxima propiedad de inversión, numerosos comerciantes, y particularmente sus intermediarios de tierras, le garantizarán que los alquileres de flujo son excesivamente bajos y que hay una gran ventaja en la propiedad que se debe aprovechar esencialmente comprando la propiedad y aumentando en alquileres. Por otro lado, si era así de simple, en ese punto, ¿por qué razón el actual propietario no aumentaría el contrato de arrendamiento y luego vendería la propiedad a un costo mayor?

En cualquier caso, en caso de que pregunte por completo sobre el mercado, se dará cuenta de cómo reconocer ciertas pistas que muestran si una propiedad realmente tiene rentas por debajo del mercado. Las propiedades sin ninguna apertura y un resumen de demora son los principales competidores. Otras indicaciones son propiedades que tienen una baja rotación y luego tienen varios candidatos para esas oportunidades poco comunes.

Algunos propietarios realmente anuncian sus propiedades de inversión de tierras a un costo inferior al del mercado. Estos son vendedores ambulantes, muy probablemente con una variedad de explicaciones individuales detrás de su necesidad de vender de manera más rápida y económica de lo que lo harían si tuvieran tiempo y tolerancia adicionales. Las razones de bienestar, las desintegraciones familiares, los problemas relacionados con el dinero, etc., son, en su mayor parte, razones probables por las que un comerciante dará su consentimiento a un acuerdo rápido a un costo inferior al del mercado.

Por otro lado, algunos distribuidores no logran la estima de la operación en el mercado por diferentes razones. Por ejemplo, algunos propietarios detestan tanto el procedimiento completo de venta de sus propiedades de inversión que deliberadamente subestiman la propiedad para garantizar un intercambio rápido y limpio y tienen la capacidad de descartar cualquier posibilidad que un comprador comúnmente requeriría en una negociación del mercado. El fin de la molestia y el rodar y tratar es fundamental para estos vendedores; simplemente necesitan completar el trato, por lo que están dispuestos a darle al comprador un arreglo tan decente que el comprador tome la propiedad básicamente en su condición actual.

Un caso sencillo de cómo expandir la estimación de una estructura es ubicar una propiedad de inversión privada en una zona de interés extremo donde cada tasa de alquiler sea el equivalente a planos comparativos de piso. Como regla general, las rentas deben reflejar la forma en que, según el estado, no todas las unidades de dos habitaciones tienen beneficios de área similares. Por ejemplo, una unidad que se sienta sobre la piscina es regularmente más atractiva que una unidad en la carretera principal o las unidades en los pisos superiores tienen un interés más prominente, por lo que aumentar los alquileres para las unidades más atractivas genera el pago del alquiler.

A pesar del hecho de que lo alentamos a pensar en el vecindario, cualquier elección sobre dónde contribuir debe comenzar con una evaluación de la idoneidad monetaria y los patrones generales del distrito que lo abarca. En el caso de que el lugar no sea monetariamente estable, se reduce la probabilidad de inversiones efectivas en la tierra dentro de esa región. Vea cómo evaluar información financiera importante con el objetivo de que pueda poner recursos en los territorios que están equilibrados para el desarrollo.

Reunir y desglosar la información financiera aplicable nunca ha sido más sencillo, a través de Internet. La información más importante para el desarrollo de la población, el desarrollo del trabajo y los patrones financieros está disponible en la web, y hay varios elementos que siguen a estos datos. Desde el gobierno, a los gobiernos estatales y vecinales, a las universidades y reuniones de negocios, los datos sobre los patrones monetarios provinciales están disponibles de inmediato..

6.2 Arrendamientos y Valoración de propiedades

Una renta es un compromiso autorizado entre un arrendador (propietario) y un inquilino (ocupante) para intercambiar el privilegio de pertenencia selectiva y la utilización de cierta propiedad genuina por un período de tiempo caracterizado por un pensamiento concurrente (efectivo). Una renta verbal puede ser exigible, sin embargo, es mucho mejor tener una renta compuesta que caracterice los derechos y deberes del propietario y el ocupante. Ser propietario de una propiedad de inversión con estructuras atractivas y mantenidas a su alrededor puede darle un sentimiento de orgullo de posesión, sin embargo, en lo que realmente está invirtiendo son los arrendamientos. Los inversionistas de tierras efectivos se dan cuenta de que una gran puerta abierta es descubrir propiedades con contratos de arrendamiento que ofrezcan un potencial alcista como un salario más alto y una estabilidad de ocupación.

Un distribuidor debe ser sencillo y revelar cada actualidad material sobre la propiedad que está vendiendo, sin embargo, la mayoría de los estados no tienen los requisitos previos de revelación compuestos equivalentes que se ordenan para los intercambios privados. Entonces, a pesar del hecho de que su comerciante u operador de ofertas y diferentes personas de su grupo de examen de incansable podrían ayudarlo a investigar la propiedad y buscar en los libros en medio del intercambio, recuerde que debe ser la persona que piense en su mayor ventaja.

La investigación de los arrendamientos actuales para propiedades privadas generalmente es realmente clara, ¡pero eso no significa que no deba hacer su trabajo! Audite todas las rentas privadas para asegurarse de que ningún choque cubierto lo esté anticipando, por ejemplo, arrendamiento gratuito en el futuro, puntos de ruptura para incrementos de arrendamiento o garantías de nuevos revestimientos de pisos u otras reparaciones costosas. Algunos comerciantes sutiles de propiedades privadas se dan cuenta de que unos pocos compradores no auditan por completo cada alquiler, por lo que cargan los arrendamientos con futuras concesiones de arrendamiento a cambio de mayores arrendamientos por adelantado, que utilizan para poseer las expresiones relacionadas con el dinero de la propiedad. Asegúrese de decidir el alquiler atractivo neto y base su idea para una propiedad en esos números.

Un alquiler obvio por encima del escaparate generalmente no está por encima del mercado en caso de que esté dando sin contrato de arrendamiento sin fin o prometiendo suplantar la alfombra al restablecer el alquiler. Los arrendamientos comerciales son significativamente más complicados que los privados. De esta manera, el inversionista de tierras comerciales debe tener una comprensión cuidadosa de los compromisos y obligaciones legalmente vinculantes del arrendador (propietario) y residente (ocupante).

El examen de los arrendamientos comerciales se denomina normalmente reflexión de alquiler. Un alquiler teórico es un resumen compuesto de todos los términos y condiciones críticos contenidos en el alquiler y es sustancialmente más que un arrendamiento. A pesar del hecho de que una mudanza de arrendamiento decente cubre los fundamentos del alquiler (arrendamiento, área, duración del alquiler y fecha u opciones de restablecimiento), un concepto decente difunde otros temas clave de los ocupantes, por ejemplo, señalización, privilegios de desarrollo y restricción, e incluso confinamientos o impedimentos para alquilar a diferentes habitantes que ofrecen artículos y administraciones comparables. Ha compuesto resúmenes de alquiler organizados para cualquier propiedad comercial que esté pensando en garantizar que vea cada uno de los términos.

Al adquirir financiamiento para propiedades comerciales, los especialistas en préstamos generalmente requieren un movimiento de arrendamiento afirmado o marcado junto con un alquiler compuesto teórico para cada ocupante. En cualquier caso, a la luz del hecho de que el pago de la propiedad es básico para la capacidad del propietario de asumir los compromisos de administración de obligaciones, la mayoría de los bancos no solo dependen de los números del comprador, sino que deducen libremente sus propias proyecciones salariales que dependen de los datos que requieren que el comprador obtenga de los ocupantes.

Darse cuenta de ciertas normas monetarias puede ser útil cuando se trata de evaluar la estimación presente y futura de las posibles inversiones en tierras. Asimismo, se puede influir en la estima cuando ciertas limitaciones (por ejemplo, las condiciones de afiliación, los contratos y los confinamientos que se encuentran en las afiliaciones de muchos titulares de hipotecas) son componentes de la utilidad y, además, son una pieza de transferibilidad, ya que siguen funcionando con la tierra y el punto de confinamiento de los privilegios de los futuros propietarios.

Estas normas monetarias dependen de la razón por la cual la estimación más extrema de la tierra se logra cuando una propiedad se utiliza de la manera más sorprendente y mejor posible. Lo más sorprendente y mejor uso es la idea esencial de que hay una sola utilización que resulta en la mayor ganancia por la mejor y más eficiente utilización de la propiedad. La utilización más elevada y mejor de una propiedad en particular no se mantiene estable después de algún tiempo. La zonificación de una propiedad puede eliminar ciertos empleos potenciales de una propiedad en la temporada de evaluación. Por otro lado, especialmente para las propiedades en el camino del avance, el tiempo puede generar nuevas oportunidades. Los inversores de tierras experimentan otro tipo de valor significativo: la estima de inversión. A pesar de que la estimación del mercado es la estimación de una propiedad para un inversor del molino, la estimación de la inversión es su incentivo para un inversionista en particular que depende de sus necesidades específicas, por ejemplo, el gasto de capital, tasa de cargo u objetivos individuales.

En algún momento en un futuro no muy lejano, puede terminar yendo en contra de otro comprador por una propiedad de inversión de primer nivel solo para sorprenderse de que parezca pagar sustancialmente más. En el caso de que haya investigado minuciosamente la propiedad y el concesionario haya proporcionado datos similares sobre la propiedad a cada comprador potencial, es probable que el otro comprador esté reuniendo su idea con respecto al incentivo de inversión de la propiedad para ella. Por ejemplo, un inversor que no puede utilizar los recortes impositivos de deterioro pagaría menos por una propiedad que crearía una devaluación anual enorme que un inversor que tenga otros ingresos fáciles y pueda utilizar el aplazamiento de la recaudación de impuestos para disminuir su cargo salarial actual.

6.3 Inspecciones de propiedad, due diligence y cierre

Puede confundirse un intercambio de tierras por incluso pequeñas propiedades de inversión, con el argumento de que el comprador y el comerciante tienen varias primas con las que se debe hablar genuinamente. El tenedor del depósito en garantía actúa como un extraño no partidista que maneja las sutilezas del intercambio y lo llena regularmente como el árbitro cuando se crean diferencias entre el comprador y el distribuidor. En ciertas partes de la nación, el trabajo del oficial de custodia está sustancialmente más restringido. Su operador terrestre puede gestionarlo con respecto a la costumbre y la práctica en su vecindad general.

El oficial de custodia prepara las instrucciones de custodia que gestionan el intercambio entre las reuniones. Las instrucciones de custodia se obtienen de los términos particulares que se encuentran en la comprensión de compra y en algunos otros archivos compuestos comúnmente establecidos tanto por el comprador como por el vendedor.

Las instrucciones de custodia son básicas. Para limitar las perturbaciones, audite con precaución las instrucciones antes de firmarlas, ya que ese es el registro del que depende el titular de la custodia únicamente para averiguar qué hacer en caso de una pregunta. Excepto si se permite en las instrucciones de la custodia, el oficial de custodia no puede implementar ninguna mejora ni reaccionar a ninguna solicitud sin un entendimiento compuesto marcado por todas las reuniones.

No mucho después de que se hayan marcado las instrucciones de custodia, su organización de títulos debería enviarle un duplicado del informe del título de la cartilla (o preliminar). Haga que un abogado investigue este informe crítico, excepto si tiene una gran experiencia individual y el preliminar contiene moderadamente pocas cosas demostradas. El primer informe del título muestra al propietario legítimo actual de la propiedad y cualquier gravamen de préstamo hipotecario, gravámenes de pago no pagados, gravámenes de cargo de propiedad, gravámenes de juicio u otros gravámenes registrados contra la propiedad. Además, demuestra las servidumbres, limitaciones o intereses externos que limitan su utilización de la propiedad, por ejemplo, los Pactos, Condiciones y Restricciones (C, C y R) que normalmente se encuentran con avances de unidades, afiliaciones de red o suites de apartamentos.

Las posibilidades hacen una especie de alternativa y son componentes básicos que pueden representar el momento decisivo de un intercambio. Las instrucciones de compra y custodia, como norma, contienen fechas de vencimiento: las reuniones tienen ciertos derechos relacionados con las posibilidades de un plazo restringido. Por ejemplo, la posibilidad de investigación física puede dar solo diez días para realizar la revisión; después de eso, la posibilidad se considera aprobada (o cumplida) y el comerciante tiene el legítimo apropiado para rechazar el acceso para una evaluación física.

Después de que se hayan cumplido o diferido la mayoría de las posibilidades del comprador y del concesionario relacionadas con cosas, por ejemplo, el financiamiento, la evaluación, los libros y registros, y la investigación física, el oficial de custodia instruye a las reuniones con respecto a la fecha de cierre del intercambio.

El plazo formal de la debida determinación (el intervalo de tiempo entre el reconocimiento de una oferta y el final de la custodia o la finalización del acuerdo) es una oportunidad ideal para plantear esas consultas extremas. Intente no ser tímido. Converse con los ocupantes, los vecinos, cualquier afiliación de un titular de hipoteca o negocio, organizaciones legislativas y los trabajadores temporales o proveedores de la propiedad, y asegúrese de que reconozca lo que está recibiendo. Impartir rutinariamente y trabajar íntimamente con el vendedor y sus agentes, sin embargo, solo dependerá de los datos proporcionados como copia impresa. Este período de tiempo podría ser su mejor oportunidad o solo para buscar alteraciones, si se han tratado incorrectamente problemas importantes. Una vez que finalice el acuerdo de propiedad, ha pasado el punto en el que es posible solicitar que el concesionario repare el techo defectuoso, excepto si se ha ocupado con un esfuerzo deliberado para ocultar el estado genuino de la propiedad. Sus curas pueden ser solo en la corte, lo que puede ser exorbitante y retenido solo por los problemas más genuinos o costosos.

Los casos razonables de debido ingenio incorporan la recopilación de información monetaria sobre el área y el vecindario, llamando a las propiedades agresivas para las tarifas y concesiones de alquiler actuales del mercado, verificando la precisión de los datos y arrendamientos relacionados con el dinero exhibidos por el vendedor, y liderando una evaluación física intensiva de la propiedad por un trabajador temporal general autorizado o un examinador de la propiedad. A pesar del hecho de que los inversores astutos de la tierra lideran la pre-oferta y regularmente obtienen un duplicado de una explicación de trabajo en una forma bajo la manga, es probable que no tenga la oportunidad de examinar los libros y registros genuinos hasta que esté formalmente bajo contrato y en el debido tiempo de persistencia.

En el caso de que el vendedor descuenta las tiendas de seguridad, tiene la prueba de reunir tiendas de los habitantes que ahora poseen la unidad o suite de alquiler, lo cual nunca es simple. Por lo tanto, solicite enfáticamente al vendedor que le brinde un representante sólido para todo lo que retengan en las tiendas de seguridad cercanas y que cada ocupante concurra registrado como una copia impresa a la medida de la tienda de seguridad intercambiada en medio del acuerdo. Este procedimiento simplifica el procedimiento y le impide recuperar tiendas de seguridad de los habitantes actuales. Para evitar problemas en la temporada de mudanza, envíe a su habitante una carta afirmando la suma de la tienda de seguridad.

Del mismo modo, vea si el vendedor tiene tiendas cercanas con la organización de servicios y si tiene que poner una tienda para la administración. Lo más probable es que solo maneje el intercambio de la tienda a través del depósito en garantía con una afirmación compuesta de intercambio de la tienda de la utilidad. En el caso de que una encuesta de los costos de la propiedad muestre que los gastos de servicios públicos son extrañamente altos, es posible que deba exigir que se busquen duplicados de las facturas registradas genuinas para decidir si hubo una fluctuación única o si la propiedad puede beneficiarse por esfuerzos de protección.

El estado de una propiedad influye legítimamente en su estima. El inversor juicioso de la tierra de manera confiable exige una revisión física cuidadosa antes de comprar una propiedad de inversión, independientemente de si la propiedad es excelente o no. Otra propiedad de inversión puede verse bien en el papel y su perseverancia previa a la oferta puede revelar problemas o preocupaciones legales o presupuestarias. Por otro lado, su inversión es solo de la misma clase que la conexión más débil, y una propiedad físicamente molesta nunca es una inversión inteligente. Los inversores de tierras perspicaces realmente tienen un proceso de examen de dos avances con su paseo previo a la oferta subyacente a través de la propiedad como un preludio para hacer la oferta. En caso de que la oferta se haga y se reconozca, la investigación experta es reconocer cualquier problema del ejecutor del acuerdo con la propiedad o cualquier cosa que justifique la renegociación.

6.4 Hacer una oferta

Usted se beneficia de la tierra cuando compra su propiedad de inversión. En el caso de que compre una propiedad bien encontrada y físicamente sólida por debajo de la estimación del mercado y el costo de sustitución, la propiedad le proporcionará rendimientos fenomenales durante mucho tiempo. Esta es la razón por la cual los arreglos astutos son tan críticos para ser efectivo con sus inversiones en tierras.

A pesar de que todos se acercan a la consultoría desde su propio punto de vista, creemos que es esencial comprender que la red terrestre en muchos territorios es realmente una reunión afectuosa de expertos que organizan. De esta manera, las referencias informales y la notoriedad de confiabilidad y respetabilidad son componentes básicos para su logro a largo plazo. La persistencia y la visión son igualmente extraordinarias excelencias en lo que respecta a hacer las mejores gangas en tierra. La conducción dura, los intercambios desiguales pueden beneficiarse a corto plazo, sin embargo, las palabras viajan rápido.

El dispositivo de organización más importante en la compra de una propiedad de inversión es un mejor aprendizaje: en caso de que sea reacio a hacer la importante tarea para legitimar el costo correcto, está casi seguro de pagar de más por la tierra. Su objetivo como inversionista es establecer el valor más extremo que pueda pagar y aun así obtener un fuerte beneficio por su inversión a la luz de los peligros relacionados.

No le proponemos que engañe a nadie, sin embargo, un número asombroso de propietarios actuales simplemente no se enfoca en los datos más fundamentales de libre acceso. No hay nada corrupto o ilegal en tener la visión de rediseñar y remodelar una propiedad para lograr su total estima a la luz del hecho de que su exploración en las oficinas del vecindario demuestra que un nuevo jefe notable se está mudando a la región, expandiendo drásticamente el interés por medio vacío y propiedades comerciales cansadas, como la que está pensando para la adquisición. Será increíblemente fructífero al organizar negocios extraordinarios en caso de que no solo conozca a las personas perfectas y tenga un grupo de inversión de tierra decente, sino que también conozca los elementos importantes que influyen en la actividad de libre mercado en el vecindario. Posiblemente esté viendo que las organizaciones vecinales se desarrollan rápidamente y emplean grupos de nuevos especialistas. Se da cuenta de que, como resultado de una deficiencia de alojamiento cercana, las numerosas familias nuevas que se mudan a la zona no serán aptas para pagar el costo de otra casa y deben alquilar. Esa es una señal decente de que los alquileres aumentarán y el interés será alto por las agradables viviendas de alquiler de tres a cuatro habitaciones situadas en apacibles parques cerca de las mejores escuelas. Obviamente, puede utilizar estos datos para organizar adecuadamente la compra de viviendas de alquiler de primer nivel en dicho mercado.

O, por otro lado, tal vez el último respaldo del lugar de viaje del vecindario para ampliar otra línea de tren ligero hacia y a través de un territorio de la red puede ser realmente un impulso para un cambio positivo. Así que realice su trabajo y localice a una pareja más experimentada que ha perdido el entusiasmo por su propiedad comercial por allí. Usted compra y remodela este pequeño centro comercial ubicado frente a la nueva estación, ya que sabe que es un área atractiva para los habitantes minoristas que se centran en los trabajadores. Decida la actividad actual de libre mercado en el centro comercial para que se dé cuenta si es un mercado de compradores o vendedores. Eso no significa que no pueda hacer algunas inversiones extraordinarias en tierras; Sin embargo, debe ser sensato. Comprar en el mercado de un vendedor a costos superiores al costo de sustitución puede ser riesgoso. Trate de no pensar considerablemente en ello como si su objetivo fuera una suspensión transitoria de la propiedad.

Los datos son el núcleo de la organización. Transmitir actualidad a la mesa de trueque. Obtenga información de ofertas equivalentes para ayudar a su costo. Una y otra vez, los inversores y sus especialistas seleccionan el número desde el aire cuando hacen una oferta. En el caso de que usted fuera el distribuidor, ¿se le inducirá a reducir su costo inicial? Indicar más adelante y equivalentes ofertas de propiedades de inversión para legitimar el costo de su oferta fortalece su caso. ¿De vez en cuando descubre un vendedor de terrenos con grado de inversión que no se acerca a toda la información del mercado? Sin embargo, los comerciantes con frecuencia no eligen las propiedades de privilegio, ya que desean utilizar imaginativamente solo las composiciones que se ajustan al costo de venta más sorprendente posible.

El tiempo que tiene que cerrar su compra es, además, una concesión de negociación. Algunos comerciantes pueden requerir dinero pronto y entregar diferentes enfoques en la posibilidad de que pueda cerrar rápidamente. Además, la bonificación del especialista en tierras también puede ser discutible. Por fin, intente decentemente dejar sus sentimientos a solas por cualquier compra de propiedad. Esto es más difícil de lo que uno podría esperar, sin embargo, haga lo que sea necesario para no estar embobado por una propiedad. Continúe buscando diferentes propiedades a pesar de hacer una oferta; puede consultar con un vendedor desmotivado.

El entendimiento de compra es el registro autorizado que rastrea las sutilezas del intercambio para su compra propuesta de la propiedad en cuestión. Dependiendo de dónde viva, existen diferentes términos para un acuerdo para la compra de tierras, por ejemplo, un contrato comercial, una idea para comprar, un acuerdo de adquisición, además, un acuerdo, un entendimiento sincero del efectivo y un recibo de la tienda. Independientemente de cómo lo llame, la comprensión de la compra es el archivo más importante en la limpieza de tierras. Incorpore la información esencial (los nombres de los comerciantes y compradores, una descripción de la propiedad y los términos de financiamiento propuestos) y muestre la cantidad que paga, cuando paga, los términos y condiciones que deben cumplirse para cerrar el intercambio, y las condiciones bajo las cuales se puede abandonar el entendimiento y devolver la tienda del comprador. Trate de no darle a un operador terrestre la oportunidad de revelarle que su oferta debe estar en una estructura específica, a la luz del hecho de que, aunque muchas estructuras de comprensión de compra son accesibles, no se requiere ninguna. La estructura que utilice depende de usted: le sugerimos que utilice una estructura de comprensión de compra que sea cualquier cosa menos difícil de leer y obtener. Cuanto más confuso es el idioma, casi seguro es que las reuniones se confunden o difieren en la importancia de los términos de la oferta.

CHAPTER 7: MITO DE DIEZ

7.1 Aumentar el valor de la propiedad en diez formas

A pesar de que la mayoría de las propiedades de inversión tienen diferentes fuentes de pago, la mayor fuente son las rentas. Los inversores inmobiliarios comienzan astutamente con el entendimiento de que las construcciones de arrendamiento conducen a ingresos más prominentes. No obstante, establecer el contrato de arrendamiento correcto y mantener el nivel de mercado ideal de un suministro interminable de ocupantes es una de las principales dificultades reconocidas por los propietarios. Numerosos propietarios de propiedades de inversión dudan en aumentar los alquileres, ya que les preocupa que sus grandes ocupantes puedan irse. Esta es una preocupación importante, sin embargo, no debería evitar que obtenga rentas a nivel de publicidad, uno de los enfoques más rápidos y menos complejos para mejorar sus ingresos. Obviamente, debe buscar de manera confiable enfoques inteligentes para mejorar la propiedad y asegurarse de que sus alquileres sean agresivos y tengan una estima razonable.

Por otro lado, si sus alquileres están ahora a niveles de mercado, esperamos hacer movimientos hacia la propiedad para legitimar alquileres más altos. Posiblemente, incluir una unidad de ventilación combinada de microondas / escape sobre la estufa, dar espacios adicionales o introducir una plataforma o sombra puede brindar una mejora que legitime un arrendamiento más alto. Cualquier actualización que mejore la naturaleza de la vida o transmita la propiedad a una dimensión como las propiedades más altas estimadas en la región puede generar rentas de mercado ampliadas.

El factor absoluto más significativo para decidir los costos de la mayoría de las propiedades de inversión es la rotación. Tanto en propiedades privadas como comerciales, la rotación de habitantes es básicamente horrible para la realidad. Un habitante que se muda con mayor probabilidad implica una desgracia en el pago del alquiler, además de su impacto con los costos ampliados (promoción, selección de ocupantes, soporte y arreglos, y actualizaciones de capital regularmente) para hacer que la unidad o suite de alquiler sea accesible para indicar a los ocupantes inminentes. Marcar arriendos de larga distancia con habitantes calificados, mantener incesantemente la propiedad en las mejores condiciones y ser receptivo con los ocupantes puede ayudar a disminuir la rotación de habitantes, lo que mejora legítimamente los ingresos y los ingresos operativos netos.

Otro dispositivo convincente para disminuir la pérdida de arrendamiento en medio de la rotación de ocupantes es presentar la unidad de alquiler o el conjunto de habitantes. En el caso de que pueda alquilar el alquiler a otro habitante solo un par de días o semanas después de que el ocupante presente abandone, disminuirá drásticamente su contrato de arrendamiento perdido e incrementará sus ingresos. Después de recibir la notificación de un ocupante para despejar, busque de inmediato el consentimiento para ingresar y descubra lo que tiene que hacer para preparar la propiedad para el siguiente habitante. Asimismo, comience a promocionar para otro habitante y aumente la colaboración del ocupante que se retira para demostrar la propiedad. El prearrendamiento es uno de los enfoques más fáciles para construir su ganancia general, sin embargo, requiere algunos arreglos y un habitante retirado agradable que debería tener en caso de que haya sido un propietario perseverante y confiable y haya sido receptivo a las necesidades de su ocupante.

Una alternativa de alquiler es un entendimiento que le permite al habitante el privilegio de comprar la propiedad alquilada a un costo predeterminado por un período de tiempo específico. Los comerciantes utilizan regularmente opciones de alquiler en mercados de tierras moderados para generar un entusiasmo adicional por la propiedad; incluso un comprador potencial en este momento sin una cuota inicial tiene la oportunidad de convertirse inevitablemente en un titular de hipoteca.

Existen numerosas ventajas diferentes para el propietario de la propiedad de inversión dispuesto a ofrecer un alquiler con la opción de comprar la propiedad. Con frecuencia puede vender la propiedad como incentivo en el mercado actual, y la alternativa de alquiler en su mayor parte requiere un gasto de elección único que puede mantener si el comprador no practica la elección. Además, el arrendatario / comprador normalmente paga una cuota de alquiler de mes a mes más alta con una alternativa de alquiler a la luz del hecho de que una parte de la cuota está conectada a un precio definitivo. Las cuotas más altas programadas regularmente pueden ser útiles para usted si las corrientes de dinero para la propiedad son negativas a partir de ahora.

Las propiedades de inversión que tienen en cuenta a las personas de la tercera edad han sido famosas de manera confiable, y los aspectos socioeconómicos claramente respaldados precedieron a la consideración de esta especialidad del sector empresarial en desarrollo progresivo. Algunas propiedades de alto nivel se centran en aquellas que necesitan una consideración poco común y administraciones de sustento, y eso es difícil para algunos propietarios. En cualquier caso, existe un requisito de desarrollo para propiedades con ejercicios y proyectos sociales que intrigan a las personas mayores dinámicas y no requieren habilidades particulares o inversiones de capital notables.

La oferta de control o la presentación inicial que brinda su propiedad es básica para su logro general. De lejos, el enfoque menos exigente para expandir los ingresos y la estima es simplemente ordenar y abordar el mantenimiento concedido que se encuentra en muchas propiedades. Uno de los estándares básicos de la tierra es la actividad fundamental del libre mercado. Por otro lado, si su propiedad realmente emerge y se ve muy superior a las propiedades equivalentes, crea un interés intenso; su alquiler seguirá involucrado en los mejores alquileres del mercado. De eso se trata el ingreso.

Además de restaurar el mantenimiento directo concedido, otro método extraordinario para expandir los ingresos (y la estima) es renovar la propiedad. La clave aquí es gastar dinero en efectivo solo en cosas que mejoran la propiedad y dan una recompensa rápida. Los precedentes incorporan utilidades de submedición, aparatos de actualización o incluyen nuevos aspectos destacados que los habitantes desean.

Uno de los pasos iniciales a seguir después de comprar una propiedad de inversión es evaluar los costos de trabajo actuales. Vea si hay oportunidad de mejorar, especialmente sin afectar negativamente a sus habitantes.

Pedirle a las organizaciones de servicio cercanas que realicen una revisión de vitalidad puede identificar formas para que usted reduzca los costos. La innovación está utilizando iluminación LED, vitalidad orientada al sol y marcos de calentamiento hidrónico increíblemente atractivos. La rápida expansión de los gastos por los beneficios de agua y alcantarillado en numerosas regiones de la nación ha hecho que el establecimiento de submedidores individuales con conocimientos financieros para distribuir y recuperar los gastos de cada ocupante dependa de su utilización genuina. Los medidores de agua separados para las regiones de la escena posiblemente prescindirán de sus cargos de alcantarillado si la empresa de servicios de agua de su vecindario los ofrece. El enfoque más ideal para lograr la protección de los activos en sus propiedades es hacer que sus habitantes estén legítimamente a cargo de la utilización de sus activos. Esto permite a los habitantes controlar sus propios gastos y ahorrar dinero en efectivo.

Para propiedades privadas y comerciales más grandes, solicite a cada uno de los trabajadores contractuales actuales y cooperativas especializadas que muestren una propuesta u oferta. Encuentre otras empresas prácticamente idénticas y, finalmente, entregue su negocio a aquellas organizaciones que están protegidas y ofrecen la mayor cantidad de dinero. A medida que su territorio se desarrolle, se dará cuenta de quiénes son los mejores proveedores de estimados, y es posible que los trabajadores contractuales y las cooperativas especializadas ofrezcan límites que dependen del volumen.

7.2 Inversión exitosa en bienes raíces de diez maneras

Numerosos maestros de infomercial y de clase del terreno hacen que parezca realmente simple para cualquiera hacer una fortuna en la tierra a mediano plazo. La compra de despojos o propiedades sin pago en efectivo puede dar retornos atractivos, y no hay incertidumbre de que asegurar la tierra por debajo de su estima inherente aumente sus probabilidades de logro monetario. Esta es esencialmente la guía convencional sabia (compra baja, venta alta) conectada a la tierra. Además, en el caso de que pueda hacerlo de manera rutinaria y sin problemas con el título, la destrucción de problemas físicos o los resultados negativos del deber de ser declarado vendedor por el IRS, esta técnica puede ser muy productiva.

No obstante, descubrir propiedades excelentes, físicamente estables y accesibles a precios inferiores al mercado no es básico. Nuestra experiencia es que la mayoría de los vendedores realizan estimaciones de propiedad y no solo regalan su propiedad.

Con frecuencia sentimos que el conocido adagio "Obtienes lo que pagas" fue engendrado por un inversionista de tierras que acaba de comprar un abandono solo para descubrir que tiene un embargo preventivo expansivo no registrado, un habitante comercial sustancial que declaró insolvencia financiera y puede anular su renta, o una sección dividida.

Diríamos que, en general, los inversores fructíferos serán personas astutas, perseverantes y confiables que realizan con gran entusiasmo el debido ingenio antes de comprar una propiedad. No piensan de nuevo la rueda con cada arreglo, ya que conocen su especialidad en el mercado, sus habilidades individuales y sus activos accesibles. Tienen un sueño y utilizan su curso de acción confiable para cada propiedad. En el caso de que acumule estos regalos, puede revelar propiedades únicas con un potencial de estima incluido que sus rivales frecuentemente pasan por alto.

El nuevo inversionista de la tierra también debe acumular manantiales adicionales de salario mientras mantiene o, idealmente, a pesar de reducir los costos actuales; Independientemente de si puede descubrir propiedades en las que el concesionario le da todo el financiamiento, no puede escapar de los costos seguros fuera del escondite o del costo de la puerta abierta de la pérdida de sueldo mientras usa su tiempo y vitalidad para encontrar propiedades y jugar con firmeza. Parece que todavía no podemos encontrar un investigador de tierras de primera clase u organización de custodia que no funcione para nada.

La gran mayoría crea riquezas y cumple una expectativa más alta para las comodidades cotidianas a través de la penitencia y viviendo por debajo de sus métodos por el momento o algunos incluso lo hacen después de tener flujos considerables de dinero de la tierra. Su inclinación dependerá de sus habilidades y activos particulares. Está listo para utilizar sus habilidades y destrezas como director de propiedades para rediseñar las propiedades, obtener nuevos habitantes e incrementar las rentas. Las propiedades especialmente atractivas son aquellas en las que el actual propietario o director no ha mantenido las rentas a nivel de mercado o que no se han mantenido de manera adecuada cosméticamente.

Compre continuamente propiedades al costo más ideal. Este sistema es básico y es un buen augurio, aunque en realidad podría ser bastante difícil. Proponemos seguir ciertas reglas. En caso de duda, la mayor parte de sus adquisiciones de tierras debe estar en la clasificación superior de reparador y calcularse según las necesidades. Debe comprar las propiedades que ofrecen dificultades explícitas que coordinan sus propias habilidades para que pueda utilizar sus aptitudes para revisar y actualizar la estimación de la propiedad e incrementar el ingreso operativo neto después de un tiempo.

Un inversionista de tierras que utiliza la técnica "Hágase rico" no compra otra propiedad completamente rediseñada, excepto si se trata de un avance o un área privilegiada, a la luz del hecho de que la estima agregada o el agradecimiento hasta la fecha han acabado de ser tomado por el actual propietario. Estas propiedades pueden ser fuertes inversiones, sin embargo, está limitado a los incrementos del mercado en arrendamiento y estima, por así decirlo.

La metodología "Hágase rico" se basa en descubrir propiedades que están situadas en el camino del avance y luego remodelarlas para expandir los ingresos y la estima. En cualquier caso, no gaste demasiado en mejoras físicas. Solo necesita hacer esas remodelaciones o actualizaciones que expandan el atractivo de la propiedad a su mercado objetivo. Su propiedad es una unidad de alquiler, no su propia casa. Es posible que necesite colocar repisas y máquinas de alta calidad en su hogar, pero no puede obtener una ganancia decente por su inversión si tiene la posibilidad de mejorar su casa rentable. El orgullo de la propiedad es significativo, sin embargo, mantener un negocio y gastar de más en una propiedad limitará su capacidad de reservar la siguiente cuota inicial y fabricar su cartera y lograr riquezas.

CAPÍTULO 8: METAS PARA ALCANZAR LA CIMA

8.1 Determinar el campamento base

El director arregla en estructura una pista relacionada con el dinero para seguir corriendo es establecer su campamento base presupuestario. El camino a esto es fusionar el modelo de patrimonio neto en su vida. El paso inicial es hacer un plan de gastos individual y cumplirlo. Esto le permitirá asegurarse de no gastar la totalidad de su efectivo y tendrá algo que aportar. Un gasto individual lo moverá a vivir bien, pero muy por debajo de sus métodos moderados hasta que se acumulen sus riquezas presupuestarias. Al seguir un gasto, comenzará a comprender por qué compra cosas costosas después de estar bien y no anteriormente. Por fin llegará a comprender que el primer paso para convertirse en un magnate es continuar con una forma de vida de utilización controlada. El segundo paso para configurar su campamento base presupuestario es mantener una hoja de trabajo de activos totales continuos: su tarjeta de puntaje de creación de riquezas.

Designe una hora cada semana para revisar y plantear una pregunta: "¿Cómo podría convertirme en mis activos e ingresos totales?" Cada vez que compre algo, comenzará a llegar a una conclusión obvia con respecto a lo que hace con efectivo y la forma en que influye en sus riquezas relacionadas con el dinero. Después de algún tiempo, comprenderá por qué los magnates afirman que las riquezas relacionadas con el dinero no son equivalentes al salario ganado y que ahorrar no es equivalente a invertir.

El último avance en la estructura de su campamento base es mantenerse alejado de la obligación. A pesar del hecho de que esto es fácil de decir, es difícil de hacer. Trate de hacer una promesa de abstenerse de financiar sus propios gastos de vida. Trágicamente, numerosas personas se ven envueltas con un estilo de vida de "obtener y comprar". Los magnates hacen el inverso definitivo, recibiendo el mantra "reservado, en ese momento de compra", particularmente para compras reales. Trate de no darle a su crédito la oportunidad de hacer una tarjeta haciendo su reserva para usted. En caso de duda, intente pagar con dinero o dinero comparable. Al final del día, trate su tarjeta de crédito como dinero y pague la compensación todos los meses. Los magnates no utilizan la obligación de transmitir crédito plástico. No tienen entusiasmo por pagar una gran intriga, y tú tampoco. En el caso de que pueda, compre en función de las "necesidades" y mantenga una distancia estratégica de una forma de vida que adquiere "necesidades". Cuando algo se rompe, piense con certeza "arreglar" primero, "utilizar" de segundo y "nuevo" de último. Probablemente mantendrá una distancia estratégica de la obligación no basada en recursos, pase lo que pase. Sin embargo, por fin, por otro lado, debe generar obligación; Intentar garantizar que el plazo de la obligación y la vida útil de los recursos se coordinen.

8.2 Protegiendo el futuro

La actividad principal para asegurar su futuro es ahorrar de tres a medio año de costos diarios para una cuenta por si acaso. Necesita una red de seguridad, así que independientemente de lo que ocurra, tiene alternativas. Espere que esta suma de retención aumente a medida que aumentan sus activos totales.

Luego, compre una casa. Esto no es exclusivamente fondos de reserva restringidos, también verifique el recurso que decide su forma de vida más que otro. Del mismo modo que con alguna otra compra, la compra se basa primero en las necesidades y luego en las necesidades. Compre lo que desea administrar, no lo que le prestará un banco. Compre en vista de los arreglos de su familia. No "compre por debajo", requerir una mudanza demasiado pronto, o "compre en exceso", previendo más salario más adelante. Es una línea apretada para caminar, pero debe caminarla. En el caso de que lo haga "bajo compra", presumiblemente terminará haciendo de esta su primera propiedad de inversión. "Comprar en exceso" puede ubicarle en la casa de los pobres. Trate de no progresar para convertirse en "rico en casa y pagar pobre". La verdadera clave de oportunidad aquí radica en poner sus cuotas en una forma rápida de ser dueño de su casa sin preocuparse en el mundo.

Tercero, asegure su futuro protegiéndolo en territorios clave. Necesitará suficiente protección para discapacitados para asegurar un estilo de vida básico. Necesitará una protección contra desastres satisfactoria para ayudar a fortalecer a su familia y liquidar los gastos del legado del gobierno. Necesitará la mejor cobertura médica razonable para usted y su familia. Necesitará una estimación de sustitución satisfactoria y protección de obligación para su hogar, vehículo y propiedad individual. En el caso de que reúna a su especialista en protección, contable y abogado encargado de la organización del hogar, debe tener la opción de dar sentido a esto en aproximadamente 60 minutos. Al final, haga un plan de legado. Debe incorporar una disposición de elementos sencilla, aunque minuciosamente considerada, fideicomisos y testamentos adecuados, y metodologías para limitar o eliminar las imposiciones heredadas y ampliar la garantía del prestamista. La inversión que realice desde el primer momento para las administraciones de un asombroso abogado encargado de la obtención de legados será finalmente rentable. En el momento en que Sam Walton era un chico joven que simplemente comenzaba en los negocios y que por lo menos podía soportar el costo, estableció su plan de legado. Posteriormente, hacia un final alucinante, una de las mejores fortunas cercanas a su hogar en cualquier momento acumulado fue intercambiada a sus beneficiarios con prácticamente cero aranceles pagados. Los magnates entienden esto, ¿tú lo entiendes?

8.3 Financiamiento Futuro

Es una gran oportunidad para convertirse en un inversor. Para lograr esto, debe hacer lo que hacen los inversores: obtener efectivo y utilizarlo, elegir el escaparate de terreno en el que necesita poner recursos y aprenderlo, y fabricar su trabajo y arreglos de leads y crearlos. La escuela nunca sale para los fructíferos. Sea claro acerca de sus territorios "imprescindibles" y negocia. Tenga en cuenta que está descubriendo cómo ganar antes de especializarse para hacerse rico. Prepare una lista de lectura todos los años y lea esos libros. Además, haga lo mismo para las cintas de sonido instructivas, grabaciones y DVD. Vaya a una clase al año sobre un punto que debe conocer mejor. Pase tiempo con los individuos de su sistema y sintonice su experiencia y exhortación. Lo más importante, despierte cada día y declare: soy un inversor. Hoy podría ser el día en que descubra una oportunidad y haga un arreglo. Con efectivo, información y conexiones detrás de usted, es una oportunidad ideal para generar oportunidades de inversión. Para empezar, escriba sus criterios en papel. En el caso de que no estén grabados, lo más probable es que no los tenga. Luego, conserve este resumen con el objetivo de que termine como una melodía en su mente que no puede resistir recordar. En la actualidad, busque clientes potenciales y comercialice clientes potenciales que cumplan con sus criterios. Elija un par de técnicas y bríndeles la oportunidad suficiente de verificar si funcionarán. Dado que sus Criterios, especialidad y mercado geográfico objetivo son una ecuación notable, debe trabajar con su enfoque de edad de plomo durante algún tiempo para comenzar a ver resultados no sorprendentes. Obstruya su horario para el tiempo de anticipación y asegúrelo. Establezca el objetivo de crear un cliente potencial de varios días, ponga esos clientes potenciales en su base de datos y luego trabaje en ellos. Los sospechosos y las perspectivas son totalmente únicos. Uno no lo hará, y uno lo hará. Uno malgasta su tiempo, y uno merece su tiempo. Uno le cuesta dinero en efectivo y el otro las ganancias. Uno no merece ningún esfuerzo, y uno merece todo el esfuerzo. Trate de tener la opción de entender rápidamente cuál será cuál. Cuando puede hacer eso, está haciendo el trabajo más básico que hacen los inversores. Elegirá sus clientes potenciales al revisar la propiedad, conocer al distribuidor y obtener su sistema incluido. Probablemente tendrá la opción de decir: "Mis perspectivas están investigando". Tendrá la opción de indicar esto cuando piense en una propiedad que cumpla con sus Criterios y sea reclamada por un distribuidor que cumpla con sus Términos.

8.4 Quedarse en el curso

La última fase de estructurar su seguimiento relacionado con el dinero es hacer y continuar la vitalidad con el objetivo de que pueda terminar lo que se ha comenzado. Trate de no estresarse por la economía o el mercado. Warren Buffett dice que no. Es su criterio ese problema, no las condiciones que pueden hacer su accesibilidad. Adhiérase a su acuerdo y contribuya de acuerdo con sus Criterios. El siguiente diagrama establece la metodología particular que debe tomar. Debería dedicar alrededor de 10 horas por semana a este programa de construcción de riquezas. Puede completar un poco todos los días, o puede completar los méritos de siete días cada fin de semana. La decisión es tuya. Simplemente permanezca en curso.

Tan directo como parece, ejecutarlo muy bien puede ser un desafío. La inversión efectiva y la creación de riquezas es un procedimiento, no una ocasión. Es una carrera de perseverancia, no una carrera rápida, y debe crear y almacenar vitalidad para correr. Burnout ronda detrás de cada propiedad que debe visitar y cada comerciante que debe conocer y consultar. No puede soportar darle a esto la oportunidad de transpirar. Debe prepararse para el agotamiento y las diversiones con el objetivo de que pueda seguir invirtiendo y obtener un cargo. Es un trato completo, y en el caso de que no lo siga, estará engañando a su plan de inversión y a usted mismo. Necesitará vitalidad para progresar y convertirse en un inversor magnate.

CONCLUSIÓN

Invertir en casas alquilables puede crear salarios actuales y recortes de impuestos notables al igual que fabricar valor a partir del aumento a lo largo de los años y décadas. Considere específicamente su plan de gastos de mes a mes y asegúrese de tener suficiente protección incluida. Los mejores inversores inmobiliarios fabrican su cartera de inversiones inmobiliarias reservando algo de dinero y luego comprando propiedades poco a poco a lo largo de los años.

La tierra es la principal inversión de la que somos conscientes de que puede vivir o arrendar para entregar el salario. También puede determinar vastos beneficios libres de impuestos cuando vende su arreglo vital de vivienda a una tasa más cara de lo que pagó por él. Los territorios, donde se van a realizar nuevas mejoras o reurbanizaciones, son el lugar donde debe estar. Las mejores propiedades de inversión de tierra son aquellas que se encuentran mucho y son físicamente estables, pero se prueban cosméticamente y se supervisan de manera ineficaz.

Si bien The Real Estate Investor es un manual para invertir en tierras, también es, en su centro, un manual para ganar dinero relacionado con la riqueza. Hacer riquezas presupuestarias comienza con la comprensión de los mejores estándares confiables para obtener ganancias. Hacer riquezas está relacionado con la percepción de que las riquezas no son el equivalente, que el vacío entre un arreglo decente y un arreglo increíble es una gran brecha hecha por la ausencia de inteligencia. Aprender la distinción puede cambiar la forma en que mira al mundo y, al final, puede cambiar un estado alucinante.

Como encontrará, The Real Estate Investor es extremadamente dos libros en uno. El segmento inicial se le da a su razonamiento. En esa parte, desafiará una parte de sus leyendas sobre el efectivo, la tierra y usted mismo. Además, se familiarizará con algunas realidades inmortales sobre la forma en que funciona el efectivo. En el caso de que pueda descubrir cómo adoptar una mentalidad similar a la de un magnate, tendrá una oportunidad enormemente mejorada de liquidar una. La segunda pieza del libro está relacionada con hacer un movimiento. Es la parte de "cómo hacerlo" y trazará una forma demostrada de perseguir tal como lo han intentado utilizar los modelos.

www.ingramcontent.com/pod-product-compliance
Lightning Source LLC
Chambersburg PA
CBHW060822220526
45466CB00003B/940